ढलती साँझ के मुसाफिर

ढलती साँझ के मुसाफिर

प्रतापमल देवपुरा

भूमिका प्रकाशन

दिल्ली-110051

मूल्य : ₹ 450

पहला संस्करण : 2012
चौथा संस्करण : 2018

प्रकाशक : भूमिका प्रकाशन
जी-17, जगतपुरी
दिल्ली-110 051

वितरक : राधाकृष्ण प्रकाशन प्राइवेट लिमिटेड
7/31, अंसारी मार्ग, दरियागंज,
नई दिल्ली-110 002

वेबसाइट : www.radhakrishnaprakashan.com
ई-मेल : info@radhakrishnaprakashan.com

मुद्रक : बी.के. ऑफसेट
नवीन शाहदरा, दिल्ली-110 032

DHALTI SHANJH KE MUSAFIR
by Pratapmal Devpura

ISBN : 978-93-82193-01-2

भूमिका

एक दिन जब आकाश साफ हो तब किसी ऊँचे स्थान से सुबह के समय उगते सूरज की छटा देखें। फिर उसी स्थान से सायंकाल में भी ढलते सूरज की छटा देखें। ढलता सूरज उगते सूरज से कम प्रकाशवान नहीं होता। यह बात वृद्धावस्था के लिए भी सत्य है।

बुढ़ापा आते ही निराशाजनक स्वर सुनाई पड़ते हैं, उस महायात्रा के मार्ग को उत्साहपूर्वक स्वीकार करने के लिए कोई तैयार नहीं होता। लोग डॉक्टरी इलाज के पीछे दौड़धूप शुरू कर देते हैं। इससे यह सिद्ध होता है कि संसार में सभी मनुष्य दीर्घायु बनना चाहते हैं, किन्तु स्वस्थ जीवन के लिए आवश्यक प्रयत्न करना नहीं चाहते। वास्तविकता यह है कि वृद्धावस्था कोई रोग नहीं है, शरीर की एक प्रक्रिया है, प्राकृतिक क्रम को हमें स्वीकार कर लेना पड़ता है। प्राकृतिक नियमों के अधीन रहकर और प्राकृतिक नियमों का पालन करके हम अकाल वृद्धत्व को रोक सकते हैं, जितना दूर ठेलना चाहें उसे ठेल सकते हैं।

वृद्धावस्था में अनेक शारीरिक, मानसिक, सामाजिक एवं आर्थिक बदलाव आते हैं जिनके साथ तालमेल बिठाना आवश्यक है। हर व्यक्ति की परिस्थितियों से तालमेल बिठाने की क्षमता भी अलग-अलग होती है। इस अवस्था में पग-पग पर अनिश्चितता भी होती है।

बुजुर्गों में स्वास्थ्य की समस्याएँ जटिल होती हैं। वे स्वयं अपनी स्वास्थ्य समस्याओं को ठीक से नहीं समझते हैं क्योंकि कई लोगों में एक से अधिक बीमारियाँ मौजूद होती हैं। इसलिए उनका इलाज भी कठिन होता है। अनेक औषधियों के सेवन से उनके दुष्प्रभाव भी उन बीमारियों में सम्मिलित हो जाते हैं। अनेक बुजुर्ग इलाज का खर्च वहन करने में अक्षम होते हैं तब बुजुर्गों को और

कठिनाइयाँ हो जाती है। नियमित एवं सादा खान-पान, स्वास्थ्य के प्रति चेतना, सुबह-शाम टहलना, योग, व्यायाम आदि में नियमित रहना रोग निराकरण में बहुत मददगार होता है। प्रत्येक बुजुर्ग को दूसरे बुजुर्गों की देखभाल का समय भी निकालना चाहिए जिससे उनको राहत मिलेगी।

आप मानसिक रूप से तैयार हो जाइए। जिस प्रकार फूँक मारकर अंगारे के ऊपर की राख को उड़ाया जा सकता है उसी प्रकार प्रयत्नपूर्वक व्यायाम और योगासन आदि के द्वारा शरीर के भीतर जमी हुई गन्दगी को दूर किया जा सकता है।

आपकी जीवन संध्या सुखद होगी या नहीं, यह इस बात पर निर्भर करता है कि आपने इस जीवन संध्या के लिए सार्थक योजना बनाई थी या नहीं। यदि बनाई थी तो कितना सोच-समझकर, कब और कितने यथार्थपूर्ण ढंग से बनाई। यदि इस अवस्था को सकारात्मक दृष्टिकोण से स्वीकार करें तो इसमें प्रसन्न्ता की भी अपार सम्भावनाएँ है। यदि ऐसा किया जाए तो यह अवस्था सुखमय, आनन्ददायक और उत्पादनकारी हो सकती है।

इस पुस्तक लेखन का उद्देश्य यह है कि पाठकों में इस अवस्था के बारे में जागरूकता आए। विषय सामग्री का चयन पत्र-पत्रिकाओं से भी किया गया है। अनेक महानुभावों ने किसी-न-किसी रूप में इस पुस्तक निर्माण में योगदान किया है, उन सभी का आभार।

—प्रतापमल देवपुरा

अनुक्रम

आर्थिक एवं सामाजिक कल्याण

चिन्तन व चिन्ता वरिष्ठजनों की

1

अनमोल पूँजी

अच्छे संस्कारों के बीज विरासत की जमीन पर उगते हैं और जमीन कभी बूढ़ी नहीं होती। वे घर संस्कारहीन होते हैं जो बूढ़ों से खाली होते हैं। वे परिवार और कबीले अभिशप्त होते हैं जिनमें बुजुर्गों का तिरस्कार होता है। बुजुर्ग वंश की मर्यादा होते हैं और काफिलों के रहगुजर भी। वे पीढ़ियों की रीढ़ भी होते हैं और संस्कृतियों के संस्कार भी। वे अंकुश भी हैं, अनुशासन भी हैं और विरासत भी। एक तरफ जहाँ उनके पास अनुभवों का भूगोल होता है, वहीं दूसरी ओर उनके पास होता है समन्दरों के गर्भ में छुपे हुए रहस्यों का इतिहास। बुजुर्ग रेगिस्तानों का विस्तार भी हैं और मैदानों की खुशहाली भी। वे घने जंगलों का तजुर्बा भी हैं, और झरनों से फूटती नदियों का बहाव भी। वे खिलती हैं तो कीमती सोना और पत्थर देती हैं, हिलती हैं तो बस्तियों को उजाड़ देती हैं। शायद इसीलिए ये बूढ़ी पीढ़ियाँ बच्चों की पहली पसन्द होती हैं, जिनकी छातियों पर सिर रखकर बच्चे उनसे इतने संस्कार पा लेते हैं जितने शायद ही अपने माता-पिता से हासिल कर पाते।

मोती

एक बार एक सीप ने अपने पास पड़ी दूसरी सीप से कहा, "बहन, मुझे तो चारों ओर से परेशानियों ने घेर रखा है। मैं अन्दर-ही-अन्दर बहुत दुखी रहती हूँ।" उसकी बात सुनकर दूसरी सीप बड़े घमंड से बोली, "भई, मुझ पर तो भगवान और इन समुद्र देवता की लाख-लाख कृपा है कि मुझे कोई दुख-तकलीफ नहीं है। मैं तो अन्दर और बाहर, सब तरह से स्वस्थ और प्रसन्न हूँ।" उसी समय वहाँ गुजर रहे एक केकड़े ने दोनों की बात सुनकर, उस सीप से कहा, जो हर तरह से स्वस्थ और प्रसन्न थी, "हाँ अच्छी बात है, तुम स्वस्थ और प्रसन्न हो, लेकिन तुम्हारी पड़ोसन जो दुख-तकलीफ सह रही है, वह तो नायाब 'मोती' है।"

मनुष्य जीवन की आधी सदी सामर्थ्यहीन नहीं हो सकती। उसके जीवन की चारों अवस्थाएँ समाज का ताना-बाना बुनती हैं। शैशव, तरुणाई, प्रौढ़ावस्था और वृद्धावस्था चारों ही अवस्थाओं में मनुष्य सामर्थ्यवान रहता है। परन्तु उसका वह सामर्थ्य हर अवस्था में नए रूप में अभिव्यक्त होता है। शैशव में आकर्षण होता है, यही उसका सामर्थ्य है। तरुणाई ज्ञान को कर्मठता के माध्यम से प्रकट करने की ताकत रखती है। प्रौढ़ावस्था का सामर्थ्य उसकी योजनाकारिता होती है और वृद्धावस्था मार्गदर्शन की क्षमता का सामर्थ्य रखती है।

वास्तविकता यह है कि वृद्धावस्था का सामर्थ्य अत्यन्त विशिष्ट होता है और उसका उपयोग परिवार, समाज और राष्ट्र के हित में युवा पीढ़ी बखूबी कर सकती है। जीवन की प्रत्येक अवस्था की अपनी खूबियाँ होती हैं। प्रकृति में किसी एक अवस्था में किसी एक गुण का क्षरण होता है, तो दूसरे गुणों का उदय होता है। जीवन की कोई भी अवस्था प्रकृति की विशेषताओं से पूरी तरह रीती नहीं होती।

शारीरिक और मानसिक क्षमता में बढ़ती उम्र के साथ आई कमी के कारण वे सामर्थ्यहीन हो जाते हैं, ऐसा सोचना पूरी तरह गलत है। बुजुर्गों का अनुभव उनकी शारीरिक क्षमता में आई कमी को पूरा कर देती है। वे अन्तिम समय तक परिवार, समाज और राष्ट्र के लिए तो निश्चित ही उपयोगी रहते हैं।

बुजुर्गों के सामर्थ्य की तीन विशेषताएँ होती है—अनुभव, धैर्य और प्रदाय (देने की क्षमता)। वृद्धावस्था की सबसे बड़ी विशेषता होती है उसकी प्रदायिनी शक्ति! उनकी प्रदायिनी शक्ति का पूरा लाभ सामूहिक रूप से समाज और देश को ही प्राप्त होता है। बुजुर्ग अपनी सन्तान को अपना सब कुछ दे देना चाहते हैं—वे अपने लिए कुछ भी बचा कर नहीं रखना चाहते। अब, यह युवा पीढ़ी पर

निर्भर करता है कि वह सन्तान के रूप में अपने लिए उनसे कितना हासिल करना चाहती है और समाज और राष्ट्र के लिए कितना! यद्यपि समाज और देश कोई पृथक इकाइयाँ नहीं हैं– मनुष्य के समूह की ही विभिन्न स्तरीय अभिव्यक्तियाँ हैं।

चिन्तन में वृद्धावस्था बेहद उपजाऊ होती है, उसका सामर्थ्य तरुणों अथवा प्रौढ़ों की तुलना में कम नहीं होता यह युवा पीढ़ी को समझना है। वृद्धावस्था तरुणाई का मार्गदर्शक होती है। जरूरत उनके सामर्थ्य को पहचानने और उससे लाभान्वित होने की है। वृद्ध भी सामर्थ्यवान हैं, यह समझना आवश्यक है।

> *एक बूढ़ी महिला झुकी हुई कमर के साथ चल रही थी। एक युवक ने मजाक में पूछा कि "हे वृद्धा! आप क्या ढूँढ रही हैं? क्या कुछ खो गया है?" वृद्धा ने मार्मिक उत्तर दिया, "हे मूर्ख, क्या तुझे मालूम नहीं, मैं मेरी जवानी ढूँढ रहीं हूँ जो कि मुझसे बिछुड़ गई है।"*

युवा अवस्था अक्सर तेज रफ्तार की हामी होती है, अंकुश नहीं सुहाता परन्तु वृद्धावस्था का अनुभव और धैर्य यदि उसके साथ हो तो वह अपने विकास के प्रयासों का सर्वोत्तम लाभ उठा सकता है। किन्तु यह तभी सम्भव है जब कि वृद्धों की उपेक्षा न की जाए। उन पर सामर्थ्यहीन होने का ठप्पा लगाकर उन्हें नाकारा न होने दिया जाए। यदि वृद्धावस्था 'चुका हुआ सामर्थ्य' होती तो देश के सर्वोच्च पदों पर अनुभवी बुजुर्गों के चुने जाने का कोई अर्थ ही नहीं होता।

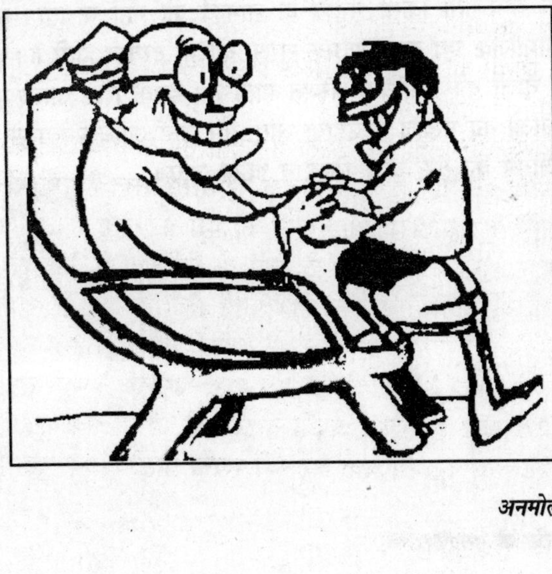

वृद्धावस्था में उपलब्धियाँ

- विंस्टल चर्चिल चौंसठ वर्ष की उम्र में ब्रिटेन के प्रधानमन्त्री बने, इसके पहले वे एक साधारण सांसद थे।
- महान नाटककार जॉर्ज बनार्ड शॉ द्वारा लिखे नाटक का पहला मंचन उनकी इक्यानवे साल की अवस्था में किया गया।
- कान्ट नामक महान लेखक ने चौहत्तर वर्ष की अवस्था में तीन प्रसिद्ध महाकाव्य लिखे, जिसके कारण वे विश्वविख्यात हुए।
- अटल बिहारी वाजपेयी वर्षों तक सांसद के रूप में रहे पर 74 वर्ष की उम्र में भारत के प्रधानमन्त्री बनाए गए।
- भारत के अबुल कलाम एक वैज्ञानिक के रूप में 40 वर्षों तक कार्य करने के बाद 70 वर्ष की उम्र में भारत के राष्ट्रपति बनाए गए।

जब तक प्रकृति जीवन पर पूर्णविराम नहीं लगा देती, तब तक मनुष्य की उपयोगिता न तो समाप्त होती है और न ही उसके दायित्व। जीवन की हर अवस्था में हासिल करने के कुछ नियम होते हैं। बच्चे माँग कर हासिल करते हैं, युवा अपने श्रम से हासिल करते हैं, प्रौढ़ युवाओं से हस्तान्तरित होने के बूते पर प्राप्त करते हैं, लेकिन वृद्धावस्था मौन रहकर हासिल करना चाहती है। मौन ही उसकी भाषा होती है। वृद्धों में परिवार, समाज और राष्ट्र के प्रति दायित्व निर्वाह करने का न सिर्फ सामर्थ्य ही होता है बल्कि इसकी तीव्र इच्छा भी होती है। आवश्यकता सिर्फ इतनी है कि उन्हें अपने सामर्थ्य का अहसास रहे।

आर्थिक सम्पन्नता किसी मनुष्य के सामर्थ्य को नहीं बाँचती। मनुष्य को मानसिक, सामाजिक एवं सम्वेदनात्मक सुरक्षा की भी दरकार होती है। वृद्धावस्था में इन तीन चीजों की सर्वाधिक जरूरत होती है। इसके लिए आवश्यक है कि उनकी भावनाओं का मखौल न उड़ाया जाए और उन्हें आर्थिक रूप से निराश्रित कर उनके जीवन का श्रम व्यर्थ सिद्ध न किया जाए।

2

हौसला उम्र को हराने का

उम्र के आखिरी पड़ाव, जहाँ अधिकतर बुजुर्ग ठहराव मानकर रुक जाते हैं और फिर घिर जाते हैं तनाव, कुंठा और परेशानियों से, वहीं कुछ बुजुर्ग ऐसे भी हैं जो ठहराव को एक मोड़ समझकर उत्साह व जोश से बढ़ते रहते हैं आगे। आज हमारे बीच कई ऐसे लोग मिल जाएँगे जो रिटायर होने के बाद नए कामकाज में जुटे हुए हैं। माना ऐसे लोगों का काम बहुत उल्लेखनीय और अलग हटकर नहीं होता है, लेकिन क्या दूसरे वृद्धों की तरह घर बैठकर विभिन्न तरह की परेशानियों में घिरे रहने की तुलना में कुछ करते रहकर सक्रिय बने रहना कम उल्लेखनीय है? ऐसे सक्रिय बुजुर्गों का जीवन देखकर लगता है कि बुढ़ापे से जुड़ी विभिन्न तरह की परेशानियाँ उनसे कोसों दूर हैं। वे दूसरों का सहारा लेने के बजाय सहारा बने हुए हैं। उनमें इस उम्र में भी काम के प्रति लगन है। काम से मिली सन्तुष्टि उन्हें आगे बढ़ते रहने का हौसला देती है, और परेशानियों से जूझने की क्षमता भी। इन बुजुर्गों की जिन्दगी में झाँकिए और ढूँढ लीजिए वे खास बातें जो उन्हें बनाए हुए हैं जिन्दादिल इनसान।

> *समय की नई खेप प्रतिदिन जो आपके पास आती है वह पैसे से इस मायने में भिन्न है कि यह एकत्रित नहीं की जा सकती है। यह तो बर्फ की भाँति है, जिसे यदि उपयोग में न लाया जाए तो पिघल कर समाप्त हो जाती है।*

वरिष्ठ नागरिकों में यद्यपि शारीरिक क्षमता सीमित है फिर भी उनके पास समय है और ज्ञान व अनुभव का अमूल्य खजाना है। आवश्यकता है इन सेवाओं को समाज और राष्ट्र के हित में उपयोग करने की। यदि हम शुद्ध संख्या में बात करें तो आज देश में 8 करोड़ के लगभग वरिष्ठ नागरिक हैं। उनमें से लगभग 6 करोड़ सक्षम हैं। यह एक बहुत बड़ी जनशक्ति है, जिसका उपयोग राष्ट्र और

समाज के विकास में योजनाबद्ध तरीके से किया जा सकता है। इनमें से अनेक राष्ट्रीय एवं समाज कल्याणकारी कार्यों में अपना समय अर्पित करने के इच्छुक हैं। अतः किन-किन क्षेत्रों में आदर भाव से इस असीम जनशक्ति का राष्ट्रहित में उपयोग करना सम्भव है इस सन्दर्भ में कुछ सुझाव इस प्रकार है–

शिक्षा का क्षेत्र

- साक्षरता अभियान हमारे देश में कई वर्षों से चल रहा है और कई भागों में इसके अच्छे परिणाम प्राप्त हुए हैं। फिर भी 2001 की जनगणना के अनुसार देश की लगभग 48 प्रतिशत जनता को आज भी अक्षर ज्ञान नहीं है। वरिष्ठ नागरिक इस क्षेत्र में अपना बहुमूल्य योगदान दे सकते हैं।
- लेखन का विस्तृत क्षेत्र खुला है, इसमें अपने जीवन के प्रेरक प्रसंग एवं अनुभव आदि को कहानी, निबन्ध, एकांकी आदि अनेक विधाओं में अभिव्यक्त करके समाज के लिए प्रेरणास्रोत बन सकते हैं।

सामाजिक क्षेत्र

- समाज में अपेक्षाकृत कमजोर वर्ग की देखरेख करके सामाजिक नवनिर्माण में भाग ले सकते हैं। समाज कल्याणकारी कार्य, जैसे अनाथ बच्चों, महिलाओं, विकलांगों एवं असहाय और अक्षम वरिष्ठ नागरिकों की देखभाल करने में सरकारी एवं गैर सरकारी संस्थाओं के माध्यम से योगदान दे सकते हैं। अनाथालय, नारी निकेतन, विकलांग सहायता तथा वृद्धजन आवास को चलाने में महत्वपूर्ण सहयोग दे सकते हैं। सरकार द्वारा उपलब्ध कराई जाने वाली सुविधाओं को योग्य पात्रों तक पहुँचाने में सहायक हो सकते हैं, जिससे उनका दुरुपयोग रोका जा सके।
- बाल विवाह, दहेज, पर्दा प्रथा आदि सामाजिक कुरीतियों को रोकने में महिला वरिष्ठ नागरिक प्रभावी भूमिका अदा कर सकती है। इसका कारण सर्वविदित है। पुरुष वरिष्ठ नागरिक भी अपने प्रभाव का प्रत्यक्ष एवं परोक्ष रूप में उपयोग कर सकते हैं।
- तम्बाकू, मदिरा, गांजा आदि नशा करने की आदत से मुक्ति दिलाने में भी वरिष्ठ नागरिक अपने प्रभाव का उपयोग कर सकते हैं बशर्ते यदि

वे स्वयं इसके आदी न हों। यदि ऐसा है तो पहले उन्हें खुद इन चीजों का परित्याग कर उदाहरण प्रस्तुत करना होगा।

- वरिष्ठ नागरिक, प्रान्तीय अथवा राष्ट्रीय सरकारों द्वारा संचालित विकास योजनाओं के क्रियान्वयन पर निगरानी का कार्य कर सकते हैं। कहते हैं कि सरकार विकास कार्यों पर अगर एक रुपया खर्च करती है तो उसमें से केवल 15 पैसे का ही लाभ सम्बन्धित व्यक्तियों को मिल पाता है। वरिष्ठ नागरिक अपने अनुभव से इन 85 पैसों के अन्तर को कम कर सकते हैं। भ्रष्टाचार से लड़ाई में नेतृत्व कर सकते हैं।

- महिलाएँ जिस तरह का घरेलू कामकाज करती आई हैं उन्हें करते रहना चाहिए। दादी-नानी के परम्परागत दायित्वों को निभाने के साथ ही नए काम भी सीखकर समय के अनुकूल ढलने का प्रयत्न करें।

निःस्वार्थ कर्म अधिक फलदायी होता है

मनुष्य नाना प्रकार के प्रयोजनों के लिए कार्य करता हैं, क्योंकि बिना प्रयोजन के कार्य हो ही नहीं सकता। कुछ लोग यश चाहते हैं अतः यश के लिए कार्य करते हैं। दूसरे लोग धन चाहते हैं इसलिए पैसे के लिए कार्य करते हैं। फिर कोई अधिकार प्राप्त करने के लिए कार्य करते हैं। कुछ लोग स्वर्ग पाना चाहते हैं और वे उसी के लिए प्रयत्न करते हैं। कुछ लोग प्रायश्चित के लिए कर्म करते हैं अर्थात जीवन भर अनेक प्रकार के दुष्कर्म कर चुकने के बाद एक मन्दिर बनवा देते हैं, पुरोहितों को कुछ धन दे देते हैं, जिससे कि वे उनके लिए मानो स्वर्ग का टिकट खरीद देंगे। वे सोचते हैं कि बस इससे रास्ता साफ हो गया, अब हम निर्विघ्न चले जाएँगे। इस प्रकार मनुष्य को कार्य में लगाने वाले बहुत से प्रयोजन होते हैं। लेकिन कुछ ऐसे भी नर-रत्न होते हैं, जो केवल कर्म के लिए ही कर्म करते हैं। वे नाम-यश अथवा स्वर्ग की परवाह नहीं करते। वे केवल इसलिए कर्म करते हैं कि उससे दूसरों की भलाई हो जाती है। कुछ लोग ऐसे भी होते हैं, जो और भी उच्चतर उद्देश्य को लेकर गरीबों के प्रति भलाई तथा मनुष्य जाति की सहायता के लिए अग्रसर होते हैं, क्योंकि भलाई में उनका विश्वास है और उनके प्रति प्रेम है। देखा जाता है कि नाम तथा यश के लिए किया गया कार्य बहुधा शीघ्र फलित होता है, परन्तु वह क्षणिक होता है। यदि कोई मनुष्य निःस्वार्थता से कार्य करे, तो क्या उसे कोई फल प्राप्ति नहीं होती? असल में तभी तो उसे सर्वोच्च फल की प्राप्ति होती है और सच पूछा जाए तो निःस्वार्थता अधिक फलदायी होती है। कर्म का यही उद्देश्य होना चाहिए।

स्वास्थ्य का क्षेत्र

- सक्षम वरिष्ठ नागरिकों की प्राथमिकता अपने ही जरूरतमन्द साथियों की सहायता करना है। चिकित्सालयों में ऐसी व्यवस्था हो कि एक निर्धारित कक्ष में केवल वरिष्ठ नागरिकों को ही चिकित्सक द्वारा देखा जाए और वहाँ उनकी सहायता दूसरे वरिष्ठ नागरिक करें।
- वास्तव में वरिष्ठ नागरिकों की सबसे बड़ी समस्या स्वास्थ्य की है। अतः उनके उपचार के अतिरिक्त बचाव और सावधानियाँ बरतने व स्वास्थ्य के लिए मार्गदर्शन देने की व्यवस्था की जा सकती है।
- वरिष्ठ नागरिकों में कुछ ऐसे रोग सामान्यतः पाए जाते हैं जैसे उच्च रक्तचाप, मधुमेह, आँखों में काला पानी, मोतियाबिन्द एवं पौरुष ग्रन्थि

का बढ़ना जो कुछ समय तक लक्षण रहित शरीर में बढ़ते रहते हैं। इन रोगों को यथाशीघ्र पकड़ने के लिए सभी वरिष्ठ नागरिकों का वर्ष में एक-दो बार स्वास्थ्य परीक्षण होना चाहिए। इनका नियमित आयोजन स्वयं वरिष्ठ नागरिकों द्वारा करवाया जा सकता है।

जो व्यक्ति अनजान भूखे को भोजन, प्यासे को पानी, नंगे को वस्त्र देता है वही सच्चा और निःस्वार्थ दान है। जब तक शरीर चुस्त व तन्दुरुस्त है तभी परोपकार के सभी कर्म कर लें क्योंकि मरणोपरान्त ये ही मनुष्य की पहचान को अक्षुण्ण बनाए रखते हैं।

आर्थिक क्षेत्र

- वरिष्ठ नागरिक अपने पास संचित राशि का कोष बनाकर नवयुवकों को सहकारिता आधारित व्यवसाय करने की प्रेरणा दे सकते हैं।
- समाज की विभिन्न प्रतिभाओं के विकास के लिए उपयुक्त संस्थाओं की स्थापना, प्रबन्ध, प्रशिक्षण में सहभागिता की जा सकती है।

पर्यटन

- तीर्थस्थलों व धर्मस्थलों का भ्रमण करके समाज को उनके महत्व की जानकारियाँ दी जा सकती हैं। स्वयं भी भ्रमण कर आमोद-प्रमोद से समय का उपयोग करें।

नगर विकास एवं नागरिक समस्या समाधान

- वरिष्ठ नागरिक सारे गाँव व नगर को ही अपना परिवार समझें। दैनिक समस्याएँ जैसे सड़क तथा नालियों की सफाई, बिजली, पानी की आपूर्ति, कानून एवं व्यवस्था, यातायात व्यवस्था, रेल, डाक, तार, टेलिफोन सेवाओं का स्तर, उपभोक्ताओं के अधिकारों का संरक्षण, पर्यावरण में सुधार आदि ऐसी अनेक समस्याओं के समाधान के लिए वरिष्ठ नागरिक जनता और प्रशासन के बीच एक सहायक कड़ी के रूप में काम कर सकते हैं। नगर के चौराहों, उद्यानों, पुस्तकालयों के निर्माण में प्रशासन को सुझाव दे सकते हैं। उन्हें क्रियान्वित करने की देखरेख रख सकते हैं।

विशेषज्ञ सेवाएँ

- डॉक्टर्स, इंजीनियर्स, कृषि विशेषज्ञ, व्यवसायी, अध्यापक अपने-अपने क्षेत्र में अपने अनुभवों एवं ज्ञान का लाभ अन्य नागरिकों को दे सकते हैं। सरकार भी यदि चाहे तो परामर्शदाता के रूप में उनका लाभ उठा सकती है।
- राजनीति भी एक ऐसा क्षेत्र है, जिसमें भाग लेकर वरिष्ठ नागरिक राष्ट्र की सेवा कर सकते हैं। इसमें वे अपने ज्ञान, ऊर्जा, समय, अनुभव एवं प्रभाव का उपयोग कर सकते हैं। उनमें क्रान्तिकारी परिवर्तन लाने की क्षमता है।

इन पवित्र कार्यों को करने के लिए वरिष्ठ नागरिकों को सरकार या समाज पर आश्रित नहीं रहना चाहिए, उन्हें अपना उत्तरदायित्व समझ कर इस कार्य में पहल करनी चाहिए। भारतीय संस्कृति में अधिकारों की अपेक्षा उत्तरदायित्वों पर अधिक जोर दिया गया है। इस कार्य के लिए वरिष्ठ नागरिकों को व्यक्तिगत स्तर पर अथवा संगठित होकर संस्था, समिति या संगठन बनाना होगा जिनके माध्यम से सेवा के कार्यों को पूरा किया जा सके।

3

वृद्धावस्था में दाम्पत्य जीवन

सफेद बाल, कमर थोड़ी झुकी हुई, चल-चल कर घिसे घुटने अब ओर चलने से लाचार, आँखों पर मोटे शीशे का चश्मा, दोनों जबड़ों को थामे नकली दाँत, ये सब शृंगार हैं बुढ़ापे के। परन्तु इस शृंगार से सजी महिला की माँग सिन्दूर से भरी हो या गले में मंगलसूत्र धारण किए हुए हो तो बहुत अच्छा लगता है। जीवन में पाँच, छह या सात दशकों का साथ मायने रखता है। सत्तर की उम्र में तो व्यक्ति अपने जीवन के प्रति भी निरासक्त हो जाता है, परन्तु अक्सर ऐसा देखा जाता है कि इस उम्र में भी दाम्पत्य जीवन में एक-दूसरे के प्रति आसक्ति बढ़ जाती है।

वृद्ध महिलाएँ : अनेक चुनौतियाँ

दरअसल दाम्पत्य के शुरुआती दौर में शारीरिक आकर्षण की वजह से पति-पत्नी जुड़े रहते हैं। दूसरे चरण में बच्चों की जिम्मेदारियाँ उन्हें जोड़ती है। बच्चों की पढ़ाई-लिखाई, शादी-ब्याह और नौकरी रोजगार आदि के विषय में निर्णय करते समय पति-पत्नी के बीच विचारों का विरोधाभास भी सामने आता

है और एक-दूसरे से खूब शिकायत भी रहती है। बच्चों के घर बस जाने पर फिर माँ-बाप का दाम्पत्य भी अकेला हो जाता है। यह समय जीवन में जोड़ घटाव का होता है। दाम्पत्य ने क्या खोया, क्या पाया, यह हिसाब लगाया जाता है। इस अवस्था में कभी-कभी एक-दूसरे की गलतियाँ भी ढूँढी जाती हैं। जीवन में कुछ खोने के लिए एक-दूसरे को दोषी ठहराया जाता है पर जीवन में पाने का श्रेय दोनों अपने-अपने को दे सकते हैं। परन्तु दाम्पत्य का चौथापन बहुत शान्त और गम्भीर हो जाता है। पीछे मुड़कर देखने पर दोनों को ही आश्चर्य होता है। साठ-सत्तर साल का सहजीवन। कैसे काटा? कैसे निभाया? दरअसल अलग-अलग तो कुछ होता नहीं। दोनों का जीवन लक्ष्य एक हो जाता है। लक्ष्य भिन्न होने पर टकराव उत्पन्न होता है, परन्तु लक्ष्य एक हो जाने पर कैसा टकराव। प्रारम्भिक दाम्पत्य में दोनों के दो संस्कार स्पष्ट दिखते हैं। दोनों के पालन-पोषण और शिक्षा-दीक्षा में भिन्नता भी होती है। तब वे दोनों दो अलग-अलग प्रकार के परिवेश से आते हैं। उस अवस्था में शारीरिक आकर्षण से भिन्नता पटती है। परन्तु चौथेपन में आते-आते तो वे भिन्नताएँ कब की मिट गई होती हैं। खान-पान, रहन-सहन, सोच-विचार लगभग एक सा हो जाता है।

इस अवस्था को गम्भीर और उपयोगी बनाने में शीघ्र ही संसार त्यागने के भाव का भी महत्व होता है। संसार जब छोड़ना ही है, तो एक-दूसरे से क्या गिला-शिकवा। प्रथम, द्वितीय और तृतीय अवस्था तक जीवन जीने की ललक रहती है। कुछ-न-कुछ प्राप्ति की आशा रहती है। और इस कार्य में कभी एक-दूसरे के विचार और व्यवहार बाधक होते हैं। झल्लाहट होती है। लड़ाई-झगड़ा भी। परन्तु चौथेपन में सारे विवाद मिट गए होते हैं। इसलिए एक-दूसरे के प्रति जो प्रेम होता है, वह न शारीरिक होता है, न मानसिक, न बौद्धिक। वह तो सिर्फ आध्यात्मिक सम्बन्ध ही रह जाता है। निरपेक्ष और निरासक्त।

कुछ दम्पतियों में इस अवस्था को बहुत जीवट से जीते देखा जाता है। वे एक-दूसरे के बिना एक पल भी नहीं रह पाते। यह भी देखा जाता है कि एक के अचानक दिवंगत हो जाने पर दूसरा भी बहुत दिन जीवित नहीं रहता। संग-साथ रहने का ऐसा अभ्यास हो जाता है कि बिछुड़ने पर दूसरे का भी जीना दूभर हो जाता है।

यह भी सत्य है कि अपने चौथेपन तक बहुत कम दाम्पत्य जीवित रहता है। यदि पति का देहान्त हो गया तो पत्नी बच्चों के साथ रहकर समय काट लेती है। बुजुर्ग महिला अपने बेटों के परिवार में भी उपयोगी और समरस हो जाती है। परन्तु पत्नी के दिवंगत हो जाने पर पति का जीवन ज्यादा मुश्किल हो जाता है।

बुजुर्ग पुरुष घर में रहकर भी बिल्कुल अकेला हो जाता है। इसलिए जीवन के अन्तिम समय में भी पत्नी की अधिक जरूरत होती है। दाम्पत्य जीवित रहे तो अति उत्तम। जो लोग छोटी-छोटी बातों में उलझकर प्रथम या द्वितीय चरण में ही सम्बन्ध विच्छेद कर लेते हैं, उन्हें तो दाम्पत्य जीवन के महत्व का क्या अन्दाजा लगेगा। दाम्पत्य का आनन्द चौथेपन में मिलता है या यों कहें कि जवानी अकेले भी काटी जा सकती है पर बुढ़ापे में सहारे की जरूरत होती है।

बँटवारे का पहला दिन

दीनदयाल के तीन बेटे थे। भोला, किशन और रघु। तीनों का विवाह हो चुका था और तीनों बेटों के लिए अलग-अलग मकान थे। तीनों के गुजर-बसर के लायक खेत थे। परिवार चलाने के लिए कोई समस्या नहीं थी। इसलिए तीनों के चूल्हा-चौका, बर्तन अलग कर देने में हर्ज नहीं था। दीनदयाल और उनकी पत्नी की भी यही इच्छा थी। बेटे एक साथ रह जाएँ पर बहुएँ एक साथ रह पाएँगी? यह सवाल था दीनदयाल

और उनकी पत्नी के सामने। इसलिए जीवन रहते बँटवारा कर देना ही उचित समझा।

एक दिन गाँव के पंचों की उपस्थिति में खेत, मकान और अन्य सम्पत्ति का बँटवारा हुआ। तीनों बेटे और बहुएँ पंचों के बँटवारे से खुश थे। किसी के पल्ले कमी-बेशी नहीं। तीनों का हिस्सा बराबर था। बेटे और बहुओं की खुशी देखकर दीनदयाल और उनकी पत्नी भी खुश हुए। बँटवारे, चहल-पहल, सम्पत्ति की शिनाख्त, पसन्दगी आदि में दिन बीता। शाम आई तो तीनों भाइयों के अलग-अलग चूल्हे जले। बर्तनों के टकराने की आवाज अलग-अलग घर से आने लगी। गुजर-बसर के बोझ की जिम्मेदारी से निजात पाकर शाम के झुटपुटे में दीनदयाल अपनी पत्नी के साथ इधर-उधर चहलकदमी करते रहे। देखते-देखते झुटपुटा भी गहन अन्धकार के कब्जे में सिमट गया। दीनदयाल और उनकी पत्नी अपने कमरे में दुबक कर रात के खाने की प्रतीक्षा करने लगे। प्रतीक्षा-दर-प्रतीक्षा चलती रही। अन्ततः थक कर वे ऊँघने लगे। किसी भी दिशा से बुलावा आने की आहट नही। अन्ततः दीनदयाल ने कमरे का खुला दरवाजा बन्द कर दिया। भोला ने सोचा—माँ और पिताजी को खाने के लिए रघु ने बुलाया होगा। रघु ने सोचा—किशन ने खाने के लिए बुलाया होगा। किशन ने सोचा—भोला और रघु ने माँ और पिताजी को खाने के लिए बुलाया होगा।

4

वरिष्ठ नागरिक : सुविधाएँ एवं संरक्षण

संसार के अधिकांश भागों में शिक्षा और मीडिया की जनसामान्य तक पहुँच के फलस्परूप स्वास्थ्य के प्रति लोगों की बढ़ती जानकारी और चेतना, पोषण की सुधरती स्थिति, स्वास्थ्य सेवाओं में विस्तार आदि के फलस्वरूप मृत्युदर में निरन्तर कमी से पिछले कुछ वर्षों में वृद्ध नागरिकों की संख्या में आनुपातिक तौर पर वृद्धि हुई है। विश्व स्वास्थ्य संगठन द्वारा हाल ही में प्रकाशित रिपोर्ट के अनुसार संसार में वृद्ध नागरिकों की संख्या लगभग 60 करोड़ है जिसके वर्ष 2021 तक 100 करोड़ तक पहुँच जाने की सम्भावना है। पिछले पचास वर्षों में जीवन प्रत्याशा की दर में औसतन 20 वर्षों की वृद्धि हुई है। आज विश्व में प्रत्येक 10 लोगों में एक व्यक्ति 60 वर्ष अथवा उससे अधिक आयु का है। पश्चिमी देशों में वृद्धों के लिए उपयुक्त व्यवस्थाएँ तथा सुरक्षा योजनाओं के फलस्वरूप वहाँ उनकी वर्तमान औसत आयु 80 वर्ष है और अनुमान है कि सन् 2080 तक यह बढ़कर 100 वर्ष तक पहुँच जाएगी। यह भी एक महत्वपूर्ण तथ्य सामने आ रहा है कि वृद्धों में भी 80 वर्ष से अधिक महावृद्धों की संख्या तीव्र गति से बढ़ रही है।

हमारे देश भारत में औसत आयु 1951 में 32 वर्ष थी जो अब बढ़कर दुगुनी अर्थात 64 वर्ष से ऊपर पहुँच गई है। अगले 20 वर्षों में इसके 76 वर्ष तक पहुँच जाने की सम्भावना है। 2001 में भारत में बुजुर्गों की संख्या 7.7 करोड़ हो गई जो 1975 की संख्या 3.8 करोड़ से दुगुनी है। अगले 20 वर्षों में पुनः यह संख्या दुगुनी हो जाने की पूरी सम्भावना है। यदि राज्यवार देखें तो 2001 की गणना के अनुसार वृद्धों की संख्या का प्रतिशत भारत के दक्षिणी राज्यों केरल में 9.49%, तमिलनाडु में 9.09%, गोवा में 8.17%, महाराष्ट्र में 7.91% तथा आन्ध्रप्रदेश में 7.69% है। जबकि उत्तर के राज्यों में 6% के आसपास ही है।

भारत में आजादी के समय वृद्धजनों की जनसंख्या 2 करोड़ थी, वर्तमान में 60 वर्ष से अधिक उम्र के लोग 8 करोड़ हैं। इनमें से 48.2% महिलाएँ हैं। 80%

वृद्धजन गरीबी रेखा के नीचे जीवन यापन कर रहे हैं। 55% महिलाएँ विधवा हैं। 73% वृद्ध अनपढ़ हैं। 80% वृद्ध गाँवों में निवास करते हैं। भारत में जिस तरह वृद्ध नागरिकों की संख्या उत्तरोत्तर बढ़ रही है उस अनुपात में उनकी समुचित देखभाल हेतु सुविधाओं में वृद्धि नहीं हो पा रही है। इसके लिए तेजी से कदम उठाए जाने की आवश्यकता है।

वृद्ध नागरिको के सम्बन्ध में "राष्ट्रीय सेम्पल सर्वे संगठन" द्वारा हाल ही में किए गए एक विशेष सर्वेक्षण के अनुसार ग्रामीण और नगरीय क्षेत्रों में क्रमशः 30 और 31 प्रतिशत पुरुष तो पूरी तरह दूसरों पर आश्रित हैं। वृद्ध महिलाएँ तो ग्रामीण क्षेत्रों में तथा शहरी क्षेत्रों में 76 प्रतिशत दूसरों पर आश्रित हैं। यदि जल्दी ही उनके लिए विशेष व्यवस्था को सुनिश्चित करने हेतु कदम नहीं उठाए गए तो उनकी स्थिति शोचनीय हो जाएगी।

संयुक्त राष्ट्र संघ द्वारा वर्ष 1999 को "वरिष्ठ लोगों की देखभाल के वर्ष" के रूप में मनाते हुए अन्तर्राष्ट्रीय स्तर पर वृद्ध लोगों के कल्याण और सुरक्षा के लिए दुनिया के लोगों का ध्यान आकर्षित करने और इस दिशा में उपयोगी प्रयास करने के उद्देश्य से वृद्धों के लिए समर्पित किया। पूरे विश्व में एक अक्टूबर को "वृद्ध दिवस" मनाया जाता है। भारत में भी वर्ष 2000 को "राष्ट्रीय वृद्ध वर्ष" के रूप में मनाया गया।

वृद्धों के लिए सुविधाएँ

हमारे यहाँ सरकार तथा स्वयंसेवी संगठनों और त्रिस्तरीय पंचायतों के माध्यम से आर्थिक अनुदान और वित्तीय सहायता प्रदान करते हुए वृद्ध नागरिकों के कल्याणार्थ कई योजनाएँ संचालित की जा रही हैं। वृद्धों की उचित देखभाल तथा पोषण हेतु विभिन्न क्षेत्रों में डे-केयर सेन्टर्स, मोबाइल मेडिकेयर सेवाएँ तथा गैर-संस्थागत सेवाओं की व्यवस्थाएँ भी की गई हैं। सरकार द्वारा उन्हें

रेल एवं बस किराए में छूट, वरीयता के आधार पर आरक्षण, विभिन्न मेडिकल कॉलेजों और प्रमुख अस्पतालों में वृद्धों के लिए अलग चिकित्सकीय विभाग व निःशुल्क चिकित्सा व्यवस्था, साधनविहीन व आर्थिक दृष्टि से कमजोर वृद्ध नागरिकों हेतु निःशुल्क आवास व्यवस्था, राष्ट्रीयकृत बैंकों में वृद्ध नागरिकों के बचत खातों में जमा धन राशि पर अधिक ब्याज देने के प्रावधान भी किए हैं।

वृद्ध नागरिकों को वित्तीय सुरक्षा प्रदान करने हेतु सरकारी क्षेत्र की बीमा कम्पनी ''भारतीय जीवन बीमा निगम'' द्वारा ''जीवन अक्षय'', ''जीवन सुरक्षा'', तथा ''वरिष्ठ पेन्शन योजना'' जैसी पॉलिसियाँ भी लागू की गई हैं जिससे वृद्धावस्था के कठिन दिनों में उन्हें सामाजिक-आर्थिक सुरक्षा उपलब्ध हो सके। इसके अतिरिक्त इस दिशा में एक विशेष प्रयास के रूप में सरकार द्वारा वृद्धों की पारिवारिक और आर्थिक समस्याओं को देखते हुए क्रिमिनल प्रोसीजर कोड (सी.आर.पी.सी.) तथा प्रतिपालन एवं निर्वाह अधिनियम (एडॉप्शन एण्ड मेंटीनेंस एक्ट) में भी कुछ वर्ष पहले ही आवश्यक संशोधन करते हुए सन्तान को वृद्ध माता-पिता के भरण-पोषण का उत्तरदायित्व उठाने के लिए कानूनी रूप से बाध्य कर दिया गया है जिससे बुजुर्गों को वृद्धावस्था में भरण-पोषण की समुचित व्यवस्था सुनिश्चित हो सके। इसके साथ-साथ वृद्धों के लिए राष्ट्रीय नीति (1999) की घोषणा, राष्ट्रीय परिषद का गठन, वृद्धों हेतु समन्वित कार्यक्रम का संचालन जैसी अनेक व्यवस्थाएँ भी की गई हैं। कुछ विशेष योजनाओं में राष्ट्रीय वृद्धावस्था पेन्शन योजना (1994), अन्नपूर्णा योजना (2001) विशेष रूप से उल्लेखनीय हैं।

देश के विभिन्न भागों में वृद्धों के लिए आवश्यक सुविधाएँ जुटाने के लिए स्वयंसेवी संगठनों, गैर-सरकारी संस्थाओं का भी सहयोग प्राप्त किया जाना अतिआवश्यक है। यद्यपि हमारे देश में इन संस्थाओं द्वारा इस प्रकार के लोगों की सेवा-सुरक्षा करने की परम्परा रही है और वर्तमान में इस क्षेत्र में कई संगठन बहुत उत्तम कोटि की सेवाएँ प्रदान कर रहे हैं। इस दिशा में एक महत्वपूर्ण कदम अपनी भारतीय संस्कृति का प्रचार-प्रसार करने की व्यवस्था करके उत्तम परिणाम प्राप्त किए जा सकते हैं। हमारी संस्कृति रही है कि बुजुर्गों को हम समुचित मान-सम्मान और प्रतिष्ठा देकर तथा उनका समुचित पालन-पोषण करके उनका आशीर्वाद प्राप्त कर सकते हैं। इस प्रकार की अद्‌भुत संस्कृति को विशेषकर नवयुवकों और नवयुवतियों में प्रसारित करने की महत्ती आवश्यकता है। इसके लिए प्रचार माध्यमों का भरपूर उपयोग करना बहुत उपयोगी होगा।

बुजुर्गों के उचित संरक्षण के लिए सरकारी और सामुदायिक प्रयासों के साथ-साथ बुजुर्गों को निजी स्तर पर भी प्रयास करने के लिए प्रेरित किया जाना चाहिए और यह समय का तकाजा भी है। बदलते हुए सामाजिक-आर्थिक परिवेश में हर व्यक्ति को बुजुर्ग होने की कटु सच्चाई का सामना करने के लिए मनोवैज्ञानिक तौर पर तो तैयार रहना ही चाहिए और साथ ही बुजुर्ग होने की अवस्था में अपना सम्बल स्वयं होने के लिए तत्पर होना चाहिए न कि दूसरों की सहायता पर निर्भर होना। वरिष्ठ नागरिक जैसे संगठन बनाकर एक-दूसरे के हौसले बढ़ाए जा सकते हैं।

इस विश्व में कुछ भी स्थिर नहीं है। धन आता है व चला जाता है, जवानी आती है व चली जाती है, जिन्दगी में खुशियाँ आती हैं और चली जाती हैं। अगर कोई चीज स्थिर है तो वह है आत्मविश्वास।

5

नकारात्मक चिन्तन क्यों?

वृद्धों का प्रिय विषय है—पुरानी यादों को दोहराना। तब अच्छा था, अब अच्छा नहीं है। हम असहाय हैं। हमारी कोई मदद नहीं करता। यही विषय रहता है जब वृद्ध मिलकर चर्चा करते हैं। वृद्धावस्था के कारण शारीरिक क्षमता बहुत घट जाती है। कई बार तो अपने दैनिक क्रियाकलापों को पूरा करने में भी असमर्थ हो जाते हैं। ऐसे में उचित सहारे व देखभाल की जरूरत होती है। परन्तु युवा पीढ़ी वृद्धजनों की उपेक्षा कर रही है। युवा वृद्धों को बोझ मानते हैं। प्रायः वृद्धजन अपना दुखड़ा किस-किस प्रकार गाते हैं उसकी बानगी देखें—

- जिन बच्चों को उँगली पकड़कर चलना सिखाया, अपने सीने पर लिटाया, अपना पेट काटकर उन्हें पढ़ाया-लिखाया और इस योग्य बनाया कि वे दुनिया में सिर ऊँचा करके जी सके, ऐसे नामुराद जिगर के टुकड़े अनेक बार बुजुर्गों को बूढ़ा और अपाहिज बताकर मन को आहत करने से नहीं चूकते हैं।
- कल तक जिन्हें गोद में खिलाया-पिलाया, पाला-पोषा, पढ़ा-लिखा कर स्वयं के पैरों पर खड़ा होने लायक बनाया वे आज बुजुर्गों की उपेक्षा और तिरस्कार कर वृद्धों को एकाकी जीवन गुजारने पर मजबूर कर रहे हैं।

- अब ताकत नहीं रही, पैसा भी खत्म, दाने-दाने के लिए बहू-बेटे के आगे मोहताज हो गए, खाने-पीने, घूमने-फिरने के लाले पड़ गए हैं, बात-बात पर बहू-बेटा झिड़कते रहते

हैं। जब तक पैसा रूपी गुड़ हमारे पास था, तब तक बहू-बेटे एवं रिश्तेदार रूपी मक्खी हमारे आसपास भिनभिनाती थी। परन्तु न अब गुड़ रहा और न वो मक्खी। भगवान हमारे जैसे बुरे दिन दुश्मन को भी न दिखाए।

- वृद्धों को एक समस्या के रूप में देखा जा रहा है, इसलिए ज्यादातर वृद्धजन बुढ़ापे को जीवन का आखिरी पड़ाव समझकर ढो रहे हैं। अपनों द्वारा जब ठुकरा दिया जाता है और फाकाकशी की स्थिति आ जाती है, तब वृद्धों के लिए एक रास्ता यह रहता है कि वृद्धाश्रमों में पनाह ली जाए।

- घर में मुखिया रहे बुजुर्गों की घरेलू मामलों में युवाओं द्वारा राय लेना आवश्यक नहीं समझा जाता। ऐसे मौकों पर बुजुर्ग अपने-आपको उपेक्षित महसूस करते हैं।
- परिवार में किसी-न-किसी बात पर सास-बहू में, बाप- बेटे में तनती रहती है। ये बातें बुजुर्गों और जवानों दोनों को ही अपनी-अपनी अकड़ के कारण अलग होने को मजबूर कर देती हैं।

- पौत्र-पौत्रियाँ जिनका बचपन दादा-दादी की गोद में बीता, आज वे ही बूढ़ों की जीर्ण-शीर्ण

हालत देखकर नाक-भौंह सिकोड़ते हैं। वृद्धों की मदद करना तो दूर उनके पास भी नहीं फटकते।

- बेटों के पास माँ-बाप की देखभाल करने के लिए समय नहीं होता है इसलिए सुबह-शाम, मासिक या वर्षों के अनुसार बारी-बारी से रोटी के लिए हमारा बँटवारा कर लिया है।

- पड़ोसियों का व्यवहार भी बदल जाता है। सभी लोग वृद्धों की सम्पत्ति हड़पने की फिराक में रहते हैं।
- बुजुर्गों को सम्मानजनक जीवन मुहैया कराने के सम्बन्ध में सरकार भी उदासीन है। सरकारी तन्त्र की निष्क्रियता के कारण बुजुर्गों के लिए बनी राष्ट्रीय नीतियों का क्रियान्वयन ठीक से नहीं होता है।

एक चतुर व विद्वान व्यक्ति वही होता है जो कि अपने दिल के घाव को, अपनी गरीबी को, अपने अपमान को, अपने कौटुम्बिक विग्रहों को जग में जाहिर नहीं करे, उन्हें अपने आप में छुपाए रखे।

यह है वृद्धों के आरोपों की बानगी। पर समय बड़ा बलवान है। वह राजा को रंक और रंक को राजा बना देता है परन्तु बुजुर्ग को बच्चा या जवान नहीं बना सकता। उम्र को पीछे नहीं ले जाया जा सकता। अब समय अधिक तेजी से बदल रहा है। इसका यह भी अर्थ नहीं है कि जवान जल्दी बूढ़े हो रहे हैं। परन्तु हाँ एक अन्तर देखा जा सकता है कि जो परिवर्तन बुजुर्गों ने साठ-सत्तर वर्ष की उम्र को पार करके देखे हैं वे अब दस-बारह वर्षों में ही आ जाते हैं। यानी परिवर्तन का काँटा तेजी से घूम रहा है। तीसरी पीढ़ी को तो छोड़िए, अब तो दो

पीढ़ियों में समायोजन बिठाना भी कठिन हो रहा है। चिकित्सा विज्ञान ने कुछ ऐसा चमत्कार किया है कि अधिकांश बुजुर्ग अब ज्यादा बुजुर्गियत प्राप्त कर सकते हैं। अब तो विदेशों में ही क्यों हमारे देश में भी बुजुर्गों की संख्या में तेजी से विस्तार हो रहा है। ऐसा चिकित्सा विज्ञान एवं इनसान की अधिक जीने की लालसा से ही सम्भव हुआ है तब फिर बुजुर्ग क्यों अपने-आपको असुरक्षित, असहाय, तिरस्कृत, संकटग्रस्त व उपेक्षित मानते हैं? क्यों नहीं वे सक्रिय रहकर आत्मसम्मानपूर्वक जीवन व्यतीत कर सकते हैं?

बर्ट्रेंड रसेल ने नब्बे वर्ष की उम्र में कहा था कि प्रतिवर्ष उनकी सुख-शान्ति में बढ़ोतरी होती है। उन्होंने अपनी आत्मकथा में लिखा है कि तीन चीजों ने मेरे जीवन को दिशा और सुख दिया है और वे हैं प्यार की चाह, ज्ञान की भूख, और मानव समाज के कष्टों के समाधान की खोज। ब्रिटेन के पूर्व प्रधानमन्त्री विंस्टल चर्चिल जब अस्सी साल की उम्र पार कर चुके थे तो उनके एक मित्र ने उनसे पूछा कि बूढ़ा होने पर वे कैसा महसूस करते हैं। उन्होंने कुछ समय तक सोचने के बाद उत्तर दिया कि जब मैं इसका विकल्प सोचता हूँ; तब यह बुढ़ापा बुरा नहीं लगता।

बुढ़ापा क्या बस एक अखबार पुराना ....!

रात को खाँसी सोने नहीं दे रही थी, पत्नी भी जाग रही थी। राहत के लिए कुछ दवाई-पानी दे रही थी। फिर भी खाँसी से राहत नहीं मिल रही थी। बहू कमरे से निकलकर आई। मैंने बहू से कहा सो जाओ बेटी, यह खाँसी तो बस यूँ ही.....! "सोऊँ कैसे? यह खाँसी की आवाज सोने दे तब ना। कितनी बार कहा ऐसी-वैसी चीजें मत खाया करो पर आप मानें तब ना।" बहू इतना कहकर अन्दर चली गई। मैं फटी नजरों से देखता रहा। पत्नी ने मेरे कन्धे पर हाथ रखा और आँखों को झुकाकर सांत्वना दी। मैं बिस्तर पर लेट गया और सोचने लगा कि बहू तो पराई बेटी है, लेकिन मेरे बेटे ने कुछ कहा क्यों नहीं। फिर सोचने लगा शायद वो तो सो गया होगा। चलो इन छोटी-मोटी बातों पर क्या विचार करना।

दिन बीतने लगे। हर एक दिन भारी लगता है। बेटे-बहू को कुछ समय हमारे पास बैठने की फुर्सत नहीं है। बाहर जाते हैं तो बस यह कहकर चले जाते हैं कि "हम बाहर घूमने जा रहे हैं, आप लोग खाना खा लेना।" कभी साथ चलने का पूछते तक नहीं, शायद हमारे साथ शर्म आती होगी। लेकिन शर्म केवल इन्हें ही क्यों आती है? हम तो गोद में उठाए, कभी अंगुली पकड़े साथ ही रखते थे। हम लोगों को तो कभी शर्म

नहीं आई, बचपन में इन्हें जब कोई तकलीफ होती तो सारी-सारी रात रोता पर हमें कभी भी कोई शिकायत नहीं हुई। खैर, कोई बात नहीं, कभी-कभी मन में ऐसे ही विचार आ जाते हैं।

एक दिन सुबह खाने का इन्तजार कर रहे थे, पत्नी को मालूम था कि भूख लगने के बाद मुझसे इन्तजार नहीं होता। यही सोच रसोई में खाना लेने चली गई। उसे रसोई में देख बहू चिल्लाकर बोली, "माँ जी आप क्यों बीच-बीच में रसोई घर में आ जाती हैं, थोड़ा इन्तजार नहीं कर सकते आप लोग? आपको बस शक रहता है कि कहीं मैं कुछ खाने में कम-ज्यादा न कर दूँ इसलिए देखने चली आती हैं।" पत्नी के मुँह से कुछ शब्द नहीं निकल रहे थे। वो आकर मेरे सामने बैठ गई और अपनी आँखों से मेरी तरफ देखा और पलकें झुका लीं। पलक झुकाते ही आँसू बहने लगे मेरी भी आँखें भर आईं। शाम को बैठा था तभी मेरी नजरें एक पुराने अखबार पर पड़ीं जो काफी अस्त-व्यस्त एक कोने में पड़ा हुआ था। पत्नी से कहा, "इस अखबार को देखो, सब के लिए सुबह इसकी कितनी अहमियत थी। इसके आने का बेसब्री से इन्तजार रहता, हाथ में आते ही इसका हर एक पन्ना, हर एक शब्द पढ़ डालते हैं और शाम को यह एक कोने में पड़ा है जिसकी केवल रद्दी के अलावा कोई अहमियत नहीं। सुबह अखबार की जवानी है और शाम इसका बुढ़ापा है।" मैं पत्नी की बात का मतलब अच्छी तरह समझ गया। जरा सोचिए, आप भी माँ-बाप बनेंगे.....?

6

पुनर्जन्म ही तो है सेवानिवृत्ति

मित्रो! सेवानिवृत्ति हर्ष का विषय न भी सही तो यह दुःख या विषाद का विषय भी नहीं हो सकता। हमारे मित्र सेवानिवृत्त हो रहे हैं, यह न सुख की बात है और न दुःख की, अपितु यह एक विशिष्ट स्थिति है। वास्तव में कोई भी घटना जीवन में सुख या दुःख का कारण नहीं होती, वरन् हम अपने लाभ या हानि के अनुसार उसे सुख या दुःख का नाम दे देते हैं। जन्म से लेकर मृत्यु तक मनुष्य के जीवन में अनेक पड़ाव आते हैं। उनमें व्यक्ति को विभिन्न अवस्थाओं और परिवर्तनों से गुजरना पड़ता है। जन्म के बाद विद्यारम्भ करना, जीवनवृत्ति में लगना, विवाह एवं घर की शुरुआत तथा सेवानिवृत्ति आदि ऐसे पड़ाव हैं जो मनुष्य, समाज अथवा परिस्थितियों द्वारा निर्मित हैं।

हमारी यह मान्यता है कि साठ वर्ष के उपरान्त व्यक्ति की कार्यक्षमता कम हो जाती है, अतः सेवानिवृत्ति हो जानी चाहिए। परिवर्तन तो सृष्टि का नियम है। मनुष्य का जीवन भी परिवर्तन से अछूता नहीं रह सकता। रिटायरमेंट एक परिवर्तन है। इसकी बेहतर ढंग से शुरुआत करें। नया जीवन तो हम कभी भी प्रारम्भ कर सकते हैं। जैसे हमें अपना नया व्यवसाय या सेवा बदलने की पूरी स्वतन्त्रता है, वैसे ही अपनी जीवनशैली या विचारधारा बदलने की भी पूर्ण स्वतन्त्रता है। सेवानिवृत्ति भी एक ऐसा ही अवसर है। यह भी एक महत्वपूर्ण परिवर्तन है। एक नए जीवन की शुरुआत है, बल्कि पुनर्जन्म है।

लोग प्रायः कहते हैं कि रिटायरमेंट के बाद सक्रिय जीवन का अवसान हो जाता है। मगर ऐसा क्यों है कि महीने की अन्तिम तारीख तक तो आप सक्रिय रहे लेकिन अगले महीने की पहली ही तारीख को प्रातः उठते ही कैसे निष्क्रिय हो गए? इस स्थिति से उबरना जरूरी है। रिटायर हम नहीं होते, रिटायर होता है हमारा मन और उसमें उत्पन्न विचार जो हमें रिटायर कर देते हैं।

जब आपको कार्य की व्यस्तता के बाद अवकाश मिलता है तो आप उस समय में विश्राम करते हैं, और उसका आनन्द उठाते हैं। परन्तु यदि आप व्यस्त नहीं रहते हैं तब अवकाश में विश्राम और आनन्द उठाने का सवाल ही पैदा नहीं होता। जापान एक ऐसा देश है जहाँ अवकाश ग्रहण जैसी कोई व्यवस्था नहीं है।

कुछ लोग सेवाकाल को एक बन्धन की तरह लेते हैं पर वास्तव में सेवाकाल बन्धन न होकर अनुशासन की स्थिति है और सेवानिवृत्ति के बाद की स्थिति तो अनुशासन के बन्धन से मुक्त होने की अवस्था है लेकिन उसके बाद जिस स्थिति की अपेक्षा की जाती है, वह है आत्मानुशासन अथवा स्व-अनुशासन की स्थिति।

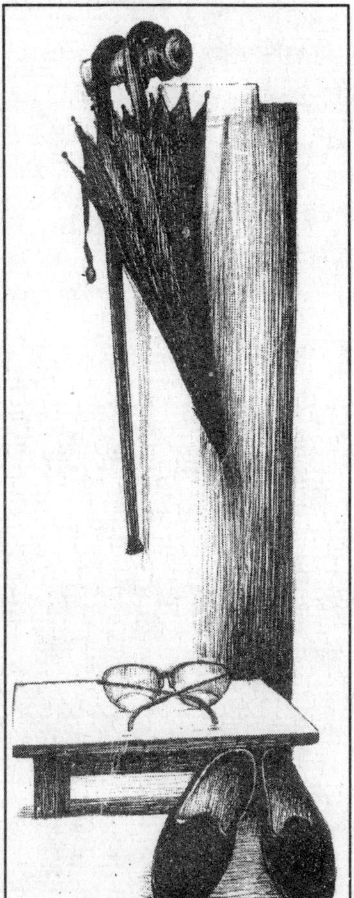

सेवानिवृत्ति उत्तरदायित्वों का पुनः निर्धारण है। सेवाकाल में सम्भव है आप अपने सेवा सम्बन्धी उत्तरदायित्वों में इस कदर उलझे रहे हों कि स्वयं को जानने या जाँचने-परखने का अवसर न मिला हो अथवा आपको अपने लिए, अपने परिवार के लिए तथा समाज और राष्ट्र के लिए विशेष कुछ करने का समय न मिल पाया हो। अब आपके पास अपना समय है तथा असंख्य अवसर उपलब्ध हैं। जो अब तक नहीं कर पाए आज दिल खोलकर कीजिए। इन अवसरों का सदुपयोग कीजिए। नए जीवन की नए ढंग से शुरुआत कीजिए। आपको जीवन का एक लम्बा अनुभव तो है। धैर्य का भी अभाव नहीं है, क्योंकि आपने न जाने कितनी विषम परिस्थितियों से जूझते हुए जीवन तथा सेवाकाल को सुचारू रूप से संचालित कर सफलता के मुकाम तक पहुँचाया है। आप अपने अनुभवों से समाज को एक नई दिशा प्रदान करें, हम सबके लिए प्रेरणास्रोत बनें। आपमें अदम्य

उत्साह और ऊर्जा है। जरूरत है तो सिर्फ उसको जानने की और उसका उपयोग करने की।

एक चिंगारी कहीं से ढूँढ लाओ दोस्तो।
इस दीये में तेल से भीगी हुई बाती तो है।

जिन्दगी एक साइकिल चलाने जैसी क्रिया है, उस पर से आप तभी गिरते हैं जब आप उसे चलाना रोक देते हैं। यदि आप अपने जीवन यात्रा की साइकिल का पैडल चलाना नहीं रोकते हैं तो यह चलती रहेगी।

7

सृजन का सन्तोष

जीवन का सच्चा पुरुषार्थ सृजन ही है। यदि जीवन कुछ रचता नहीं तो वह अकारथ है। सृजन से ही दुनिया बदलती है। अगर कुछ भला करते हैं, कुछ जोड़ते हैं, इजाफा करते हैं, तब क्षणिक स्फुरण, दया, सद्भावना भी दुनिया को बदलती है। दुनिया महान स्वप्नों से नहीं, छोटे-छोटे स्वप्नों से बदलती है। मनुष्य एक सृजनशील प्राणी है। हर मनुष्य में सृजन करने की स्वाभाविक प्रवृत्ति होती है। मूल प्रवृत्ति होने के कारण इसे पृथक से सीखमा भी नहीं पड़ता है। वह अपने आस-पास की परिस्थितियों से सृजन की शक्ति को पल्लवित कर लेता है। सृजन मनुष्य के भीतर छिपी प्रतिभा, सौन्दर्य व कल्पना को साकार रूप देने का सशक्त माध्यम भी है। सृष्टि के प्रारम्भ से लेकर आज तक मनुष्य

कुछ-न-कुछ नया सृजन करता ही जा रहा है। सृजन का गुण व्यक्ति को सार्वजनिक पहचान प्रदान करता है।

किसी व्यक्ति के भीतर की छिपी कला को प्रकट करने का माध्यम सृजन है। एक सृजनशील व्यक्ति समाज की उन्नति में एक बुद्धिमान व्यक्ति की अपेक्षा अधिक योगदान दे सकता है। सृजनशीलता मनुष्य में विद्यमान ऐसी अलौकिक क्षमता है जिसका सीधा सम्बन्ध उसकी आत्माभिव्यक्ति तथा उसके आत्मविकास से है। यही व्यक्ति का आत्मान्वेषण और विकास उसे सामान्य जीवन की विविध गतिविधियों के प्रति सृजनात्मक दृष्टिकोण अपनाने की ओर उन्मुख करता है।

सृजन का सुख

इनसान जब से पैदा होता है तभी से उसमें कुछ नया रचने की तमन्ना रहती है। बचपन से ही जब कुछ नया करता है वह अपने बड़ों को बताता है देखो, मैंने ऐसा किया, वैसा किया। कुम्हार मिट्टी के पात्र बनाकर उनके आकार, रंग-रूप को बार-बार निहारता है और मन-ही-मन खुश होता है। माता-पिता को अपनी ही सन्तान के जन्म पर कितनी खुशी होती है? गृहिणी खाना बनाकर उसके स्वाद के बारे में बार-बार पूछती है कि खाना कैसा बना? जब खाने वाला सन्तुष्ट नजर

आता है तो उसे भी आत्म सन्तुष्टि मिलती है कि उसका पकाया गया खाना पसन्द किया गया है। कवि अपनी रचनाएँ बार-बार लोगों को सुनाता है, इससे उसको आनन्द की अनुभूति होती है। मूर्तिकार मूर्ति बनाते हुए अनेक बार मूर्ति को निहारता है फिर आगे गढ़ता जाता है और पूरी लगन से अपनी कलाकृति को अन्तिम रूप देता है। व्यक्ति को अपने बनाए झोंपड़े में अपनत्व लगता है। ये कुछ उदाहरण इस बात को पुष्ट करते हैं कि यदि आप नया रचते रहें तो आनन्द की अनुभूति होती है, समय सरलता से गुजरता है, आत्मविश्वास जागृत होता है, जीवन में उत्साह बना रहता है। यदि वृद्धावस्था में भी इसी क्रियाशीलता को जारी रखा जाए तो परम सुख की प्राप्ति होती रहेगी।

धूप में पत्थर तोड़ रहे एक मजदूर ने अपने दुःखी जीवन का कारण गरीबी बताया, वहीं दूसरे मजदूर ने प्रसन्न मुद्रा में कहा कि इस काम से वह अच्छे पैसे कमा रहा है और जो गिट्टी वह तोड़ रहा है उससे भगवान का एक मन्दिर बनेगा। इस कारण वह बहुत आनन्द का अनुभव कर रहा है।

सकारात्मक रुख

यद्यपि ऐसा समझा जाता है कि उम्र बढ़ने के साथ-साथ याददाश्त कमजोर होती जाती है परन्तु ऐसे कई प्रमाण हैं जिनसे यह सिद्ध होता है कि दिमाग को उत्तेजित करते रहने पर उसकी क्रियाशीलता में ह्रास को रोका जा सकता है। मानसिक एवं भौतिक क्रियाशीलता बनाए रखने पर इस प्रक्रिया को सुधारा जा सकता है। बुजुर्ग होने अथवा सेवानिवृत्ति के बाद लोग अपने-आपको भौतिक एवं मानसिक रूप से निष्क्रिय बना लेते हैं। इससे शरीर के न्यूरोन्स या नर्व सेल्स की सक्रियता रुक जाती है। व्यक्ति अपने मस्तिष्क को शीत समाधि में पहुँचा देता है। परन्तु क्या ऐसा करना ठीक है? सक्रिय रहने पर दिमाग के न्यूरोन्स की शाखाओं में वृद्धि होती है जिनसे पुनः दूसरे न्यूरोन्स से सम्पर्क स्थापित करने में सहायता मिलती है। इस प्रकार मस्तिष्क में नए सम्पर्क सूत्र बनने से अनेक समस्याओं का समाधान हो जाता है। इस प्रकार दिमाग के कार्य करते रहने से मानसिक क्रियाकलाप की सक्रियता को जारी रखा जा सकता है। इन क्रियाकलाप में चाहे चित्रकारी या कोई खेल ही क्यों न हो जैसे शतरंज का खेलना। समाज सेवा में क्रियाशीलता मस्तिष्क को क्रियाशील रखने का एक अनुकूलतम माध्यम है। किसी भी गतिविधि को नए तरीकों से करने के लिए सोच-विचार में खुलापन रखना चाहिए जिससे उसमें जड़ता न आए। कम्प्यूटर सीखना, पुराने कार्यों को नए

तरीकों से करना मस्तिष्क को क्रियाशील बनाए रखने का नायाब तरीका है। इस बात को भी ध्यान में रखना चाहिए कि प्रत्येक व्यक्ति में मस्तिष्क की क्रियाशीलता में बदलाव समान नहीं होता हैं। फिर भी उसे सक्रिय रखने पर ही जड़ता को रोकना सम्भव है।

एक विकलांग बालक का पालन-पोषण करने से एक दम्पती अत्यन्त दुखी थे तो दूसरे दम्पती ने कहा कि एक विकलांग बालक का पालन-पोषण करने से उन्हें बड़ा आत्मसन्तोष मिला और इससे उन लोगों ने बहुत कुछ सीखा भी। ये सारी चीजें उनके सुख का कारण हैं। सुख सक्रिय नैतिक आचरण से आता है। जार्ज बनार्ड शॉ का मत है कि सुख कार्य करने में है।

चेहरे से झलक जाता हैं विचारों का प्रतिबिम्ब

विक्टर ह्यूगो ने कहा है कि इनसान का विचार दुनिया की सारी सेनाओं से ताकतवर होता है। जैसे हमारे विचार होते हैं, वैसा हमारा मन होता है और फिर वैसा तन। यह सत्य है कि हमारे मन में जो विचार उठते हैं, चेहरे पर उनका प्रतिबिम्ब अवश्य पड़ता है– जैसे क्रूर विचारों से चेहरा खूँखार हो जाता है और मन में प्रेम की भावना उठे तो चेहरे पर कोमलता छा जाती है। स्पष्ट है, विचार हमारे व्यक्तित्व अथवा स्वभाव को प्रभावित करते हैं। सकारात्मक विचारों से नई सूझ-बूझ पैदा होती है। अतः आवश्यक है कि व्यक्तित्व विकास की प्रक्रिया की पवित्रता पर ध्यान दें, अपने विचारों में सकारात्मक परिवर्तन लाएँ। कोई भी व्यक्ति अपने मन की मलिनता को हटाकर व्यक्तित्व में परिवर्तन ला सकता है।

कर्मयुद्ध में विजयी होने के लिए श्रीकृष्ण ने अर्जुन को निष्काम भाव से कर्म करने का परामर्श दिया। उन्होंने कहा– तेरा अधिकार कर्म करने में ही है, कर्मफल में नहीं। यथार्थ में जो व्यक्ति कर्तव्यपरायण है वह सकारात्मक दृष्टिकोण के साथ-साथ अपने स्वरूपगत कार्यों को लगन व उत्साह के साथ ईमानदारी से करता है। वह वफादार होता है अपने कार्य के प्रति, अपने परिवार, अपने समाज व देश के प्रति। उसने यदि किसी को आश्वासन दे रखा है तो वह उसे भी जिम्मेदारी से सम्पन्न करता है। कर्तव्यपरायण व्यक्ति छोटे से छोटा कार्य करने में भी संकोच नहीं करता, जैसा कि रोम के प्रेसीडेंट टॉयलर ने राष्ट्रपतित्व काल समाप्त होने के बाद अपने गाँव की सड़कों की देखभाल जैसा मामूली कार्य बड़ी निष्ठा के साथ किया।

8

वानप्रस्थ एवं संन्यास आश्रम

जीवन के विषय में दो मोटे विचार हैं—एक वर्तमान में जीना चाहता है, उसे भविष्य का विचार नहीं, दूसरा भविष्य में जीना चाहता है, उसे वर्तमान का ख्याल नहीं, जीवन के विषय में जहाँ भी विचार हुआ ये दो दृष्टियाँ उत्पन्न हो गईं। मनुष्य भोग का जीवन व्यतीत करे या त्याग का, दुनिया में रहे और इसका पूरा-पूरा आनन्द उठाए या इससे भागने की चिन्ता करे, प्रवृत्ति-मार्ग पर चले या निवृत्ति मार्ग पर इस प्रश्न को भारत के प्राचीन ऋषियों ने बड़े अनोखे ढंग से हल किया था।

भोग-त्याग, प्रवृत्ति-निवृत्ति, वर्तमान-भविष्य—इनमें से एक का चयन करना भी विकट समस्या है। वैदिक संस्कृति ने इन सभी को समन्वित कर दिया। भोग ठीक है, परन्तु भोग का अन्त त्याग में है। प्रवृत्ति ठीक है परन्तु प्रवृत्ति का अन्त निवृत्ति में है। वर्तमान ठीक है परन्तु वर्तमान का प्रारम्भ भूत और अन्त भविष्य में है। भोग और प्रवृत्ति इसलिए करें ताकि त्याग और निवृत्ति की भावना पक्की हो जाए। संसार का अन्त त्याग और निवृत्ति में है, यह न हो कि मनुष्य त्याग की अवस्था में पहुँचे तब तक भोग की भावना बनी रहे। भोग टिकने वाला नहीं है। इस बात की अमिट छाप मस्तिष्क में बिठाने के लिए ही भोग को रचा गया है। प्रवृत्ति की तरफ हम फिर-फिर न लौटें, यही प्रवृत्ति का अन्तर्निहित उद्देश्य है। भोग और त्याग, प्रवृत्ति और निवृत्ति, वर्तमान और भविष्य के इस समन्वय को लेकर भारत के ऋषियों ने वैज्ञानिक ढंग पर जीवन का कार्यक्रम बनाया था।

भोग भी बिना त्याग के भोगा नहीं जा सकता। इसलिए जीवन की इस साधना का नाम ऋषियों ने "बह्मचर्य आश्रम" रखा था। ब्रह्मचार्याश्रम गृहस्थाश्रम के लिए तैयारी का आश्रम था। ब्रह्मचारी का जीवन तपस्या का जीवन होता है जबकि गृहस्थाश्रम संसार को भोगने का आश्रम है। मनुष्य के विकास में गृहस्थाश्रम एक आवश्यक आश्रम है। आत्मतत्व के उच्चतम विकास

के लिए प्रवृत्ति, भोग और विषयों से इस तरह निपट लेना कि बार-बार उधर खिंचकर न आना पड़े, आवश्यक समझा गया। वैदिक-संस्कृति के अनुनायी संसार से भागने की ही बात नहीं करते थे, संसार को भोगने की बात भी करते थे, उनकी निर्धारित की गई जीवन रूपरेखा में मन्दिरों को स्थान था तो महलों को भी स्थान था, और निवृत्ति को स्थान था, तो भोग और प्रवृत्ति को भी पूरा स्थान था। गृहस्थ जीवन का आदर्श है कि मनुष्य विषयों को भोगकर विषयों से ऊपर उठ जाए। आज हम गृहस्थ जीवन में इस तरह फँसे हैं कि इसमें से निकलने में दुःख होता है। अधिकांश लोग तो इसी में पड़े-पड़े अपना जीवन समाप्त कर देते हैं। गृहस्थ एक 'आश्रम' है, एक मंजिल है, एक पड़ाव है। वैदिक काल के ऋषियों ने जीवन को एक यात्रा समझा था, और उस यात्रा के चार पड़ाव माने थे। यात्रा में ब्रह्मचार्याश्रम पहला पड़ाव समझा गया, इसके बाद गृहस्थ की यात्रा थी परन्तु इसके बाद एक और पड़ाव आता था, गृहस्थ गृहस्थी को छोड़कर आगे चल देता था। आज हम 'आश्रम' शब्द के इस रहस्य को भूल गए हैं। गृहस्थ आश्रम में पड़कर हम यह भूल जाते हैं कि हमको इससे निकलना भी है। प्राचीन ऋषि-महर्षियों ने यह कर्तव्य बताया है कि वे गृहस्थ के बाद वानप्रस्थ हो जाएँ। भोग (गृहस्थी) भोगने के बाद भोग का छूटना अवश्यम्भावी है। मनुष्य के मन की इसी स्वाभाविक अवस्था को प्राचीन ऋषियों ने वैज्ञानिक रूप दिया था और इस प्रवृत्ति का नाम वानप्रस्थाश्रम रखा गया।

'वानप्रस्थ' एक भावना विशेष है, 'अलगाव की भावना'। संसार में विषयों का रस लेने के बाद उसका परित्याग भी कर देना चाहिए। आज हमारे समाज को निवृत्ति की भावना की जरूरत है। वानप्रस्थ केवल जंगल में भाग जाने का नाम नहीं है। वानप्रस्थ 'निवृत्ति', त्याग, अपरिग्रह का नाम है। समाज में आज वानप्रस्थ के संदेश की, त्याग और निवृत्ति के संदेश की महती आवश्यकता है। वानप्रस्थ आश्रम मजबूर होकर दुनिया को छोड़ना नहीं, अपनी मर्जी से सांसारिकता से अलग हो जाना है। अपनी इच्छा से जीवन-यात्रा में आगे चल देना है। मनुष्य मरता है, चिता में जलता है– यह तो सभी का होना है, वैदिक आदर्श यह है कि जीते-जी अपना मरना देख लें। वानप्रस्थ का अर्थ सब सम्बन्धों, नातों को तोड़ देना था।

प्राचीनकाल में 50 वर्ष की आयु के बाद गृहस्थ लोग वानप्रस्थाश्रम में प्रवेश करते थे। ठीक समय आने पर गृहस्थ अपने गाँव या शहर के बाहर जंगल में अपनी कुटिया बना लेते थे और घर-गृहस्थी का भार सन्तान पर छोड़कर जंगल की कुटिया में जा बसते थे। प्रत्येक गाँव या शहर के बाहर वानप्रस्थियों की

कुटियाओं का ताँता लगा रहता था। समय-समय पर गृहस्थ युवक वानप्रस्थियों के आश्रमों में जाकर उनका जीवन के प्रति उपदेश सुनने के बाद पुनः अपने घर वापस आ जाते थे।

इस प्रकार वानप्रस्थ आश्रम की स्थापना द्वारा वैदिक-संस्कृति ने कोरे भोगवाद की जड़ को ही हिला दिया। आज जिन लोगों को कमाना चाहिए वे बेकार बैठे हैं, जिन्हें कमाई छोड़कर आश्रमों में जाना चाहिए वे कमा रहे हैं। आश्रम व्यवस्था द्वारा प्राचीन ऋषियों ने बेकारी के प्रश्न को हल कर दिया था। उन्होंने मनुष्य जीवन को चार हिस्सों में बाँट दिया था और उनमें से केवल एक आश्रम में धनोपार्जन होता था। ब्रह्मचारी, वानप्रस्थी और संन्यासी कमाई नहीं करते थे। गृहस्थ में कमाई किए बगैर किसी को वानप्रस्थ में आने का अधिकार नहीं था। एक निश्चित आयु तक कमाई करने के बाद दूसरों के लिए रास्ता खोल दिया जाता था। वानप्रस्थ आश्रम शिक्षा और रोजगार की समस्या का हल भी करता था। वानप्रस्थियों के आश्रम को 'गुरुकुल' कहा जाता था। इन आश्रमों में खाने-पीने और पढ़ने-पढ़ाने का कुछ नहीं लिया जाता था। घर-घर मधुकरी माँगकर खाने का काम चलता था। वैदिक संस्कृति ने समाज शिक्षा का दायित्व वानप्रस्थ आश्रम पर रखा था।

चौथा पड़ाव संन्यास आश्रम था। वे खुली हवा में रहने को इतना पसन्द करते थे कि उनकी रूपरेखा के अनुसार जीवन का तीन चौथाई हिस्सा खुली हवा में बीत जाता था। ब्रह्मचारी जंगल में रहते थे, परन्तु वानप्रस्थी और संन्यासी खुली हवा के आश्रम में रहते थे। इस प्रकार जीवन के अधिकांश भाग को खुले मैदानों और जंगलों में बिताने के कारण उस समय उनकी स्वास्थ्य समस्याएँ आजकल के लोगों से कम थीं।

आज आश्रम का अभिप्राय यह समझा जाता है कि मनुष्य सब काम छोड़कर बैठ जाए। आज हम कुछ न करने को संन्यास समझ बैठे हैं। आश्रम व्यवस्था में जिस संन्यास की कल्पना की गई है वह ऐसा नहीं है। संन्यास

चारों आश्रमों की श्रृंखला में एक कड़ी है। जीवन यात्रा में आखिरी मंजिल है, अन्तिम पड़ाव है। संन्यास स्वतन्त्र आश्रम नहीं है, पहले तीन आश्रमों के साथ जुड़ा हुआ है और जो भावना पहले तीन आश्रमों में काम करती है वही संन्यास में अपनी पूर्णता पर पहुँच जाती है।

संन्यास का अर्थ है–'सं+न्यास' अर्थात अब तक जो लगाव का बोझ उसके कन्धों पर लद रहा है उसे उठाकर अलग धर देना, उसका 'न्यास' कर देना, छोड़ देना–सं+न्यास अर्थात बिल्कुल उतार कर फेंक देना। संन्यास बाहर का नहीं भीतर का चिन्ह है। संन्यास घर-बार छोड़ने का नाम नहीं पर राग-द्वेष, मोह-ममता छोड़ने का नाम है। संन्यासी मृत्यु के बहुत नजदीक पहुँच चुका होता था। मर कर तो संसार को छोड़ना ही पड़ता है, संन्यासी जीते-जी मरने का मजा लूट लेता था और पल्ला झाड़कर दुनिया से चलने के लिए हर वक्त तैयार रहता था। अन्त समय सबको पाँच तत्वों में मिल जाना है। संन्यास जीते-जी चिता में जल जाना था।

त्याग की इस उच्च भावना का अभिप्राय यह कभी नहीं था कि संन्यासी समाज के लिए निकम्मा हो जाता था। वैदिक-संस्कृति के आदर्श के अनुसार 'त्याग' का ही दूसरा नाम 'सेवा' था। गृहस्थ में सेवा का पाठ पढ़कर जब स्त्री-पुरुष वानप्रस्थ और फिर संन्यास आश्रम में प्रवेश करते हैं तब समाज सेवा का भाव और अधिक तीव्र हो जाता है। संन्यासी त्याग करता है परन्तु त्याग इसलिए करता है कि वह अपने सेवा के क्षेत्र को विस्तृत कर सके, वह त्याग इसलिए नहीं करता कि जंगल में निकम्मा बैठे। आज ऐसे संन्यासियों की आवश्यकता है जिन्हें विश्व का नागरिक कहा जा सके।

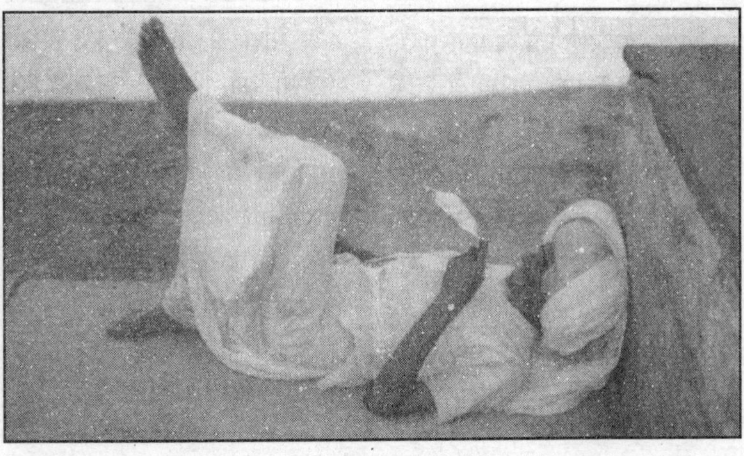

पहले हमारे ऋषि-मुनियों ने पूरे विश्व को मानवता का सन्देश देकर "वसुधैव कुटुम्बकम्" की सुक्ति को चरितार्थ किया था। संन्यासी के लिए खासतौर पर अपना कोई नहीं रहता क्योंकि सब एक समान उसके अपने हो जाते हैं। ऋषियों ने आश्रम व्यवस्था को ऐसा बनाया था कि एक आश्रम के बाद दूसरे आश्रम में प्रवेश करता हुआ व्यक्ति स्वार्थ की एक-एक तह को उतारता जाता था, यहाँ तक कि अन्तिम आश्रम में पहुँचते-पहुँचते उस पर स्वार्थ की कोई तह बाकी नहीं रह जाती थी, भीतर से शुद्ध, निःस्वार्थ भाव सूर्य के प्रचण्ड प्रकाश की तरह चमक उठता था। संन्यासी मौन होता था। संन्यासी वह था जो कोढ़ियों और अपाहिजों को देखकर अपने बदन के कपड़े से उसकी मरहम-पट्टी करता था, संन्यासी वह था जो दुःख से रोती-कलपती विधवाओं के आँसुओं को अपने आँसू बनाता था, संन्यासी वह था जो अपाहिजों को सहारा देता था। संसार के बोझ को अपना बोझ, संसार के दुःख को अपना दुःख समझकर चिन्ता करने वाले संन्यासियों की संख्या आज कम हो गई है फिर भी संन्यास आश्रम का आदर्श यही था, इस आश्रम की मर्यादा भी यही थी। वैसे भारत में संस्कारों की परम्परा काफी अच्छी थी। उसका पालन भी किया जाता था। आज उसे पुनर्जीवित करने की आवश्यकता है।

9

परिन्दे, सरहद और हम

सोच-विचार के इतिहास में हिन्दुस्तान की अहमियत इसलिए है कि उसने इनसान को केन्द्र में रखकर पूरी सृष्टि को समझने की कोशिश की और पेड़, पत्थर, नदी तथा पहाड़ को भी उनकी धड़कन के साथ कबूल किया। जानवर और परिन्दों को भी सृष्टि समझना सबसे अहम चीज माना। परन्तु इनसान की काफी उम्र गुजर जाने के बाद भी वह तेरा, मेरा, उसका में लगा रहता है। क्यों नहीं वह दूसरे जीवों से सीख ले?

आज वहशत के दौर में हमने जानवर के नाम को गाली बना दिया है। आमतौर पर कमजर्फ इनसान को कुत्ता कहकर हम कुत्ते जैसे वफादार जानवर

के साथ अनजाने ही नाइनसाफी कर जाते हैं। बेअक्ल को गधा कहते हुए हम गधों की तौहीन कर देते हैं। दगाबाज आदमी को आस्तीन का साँप कह देते हैं यद्यपि 90 प्रतिशत साँपों में जहर नहीं होता जबकि 90 प्रतिशत इनसानों में जहर से ज्यादा मारक खयाल होते हैं। हर इनसानी गलती के लिए उसकी किसी-न-किसी जानवर से तुलना की जाती है। यह तो अनेक इनसानों का तकिया कलाम बन चुका है कि तुम इनसान नहीं जानवर हो जबकि जानवर और परिन्दे निहायत ही करीने से बेइन्तहा मोहब्बत के साथ रहते हैं। हमने अक्सर देखा है कि सड़क पर एक मुसीबतजदा इनसान मदद की गुहार कर रहा है, तड़प रहा है और लोग अनदेखा कर चले जाते हैं। शायद काले रंग की वजह से कौवे को मनहूस समझा जाता है जबकि कौवा कोयल के बच्चे के लिए घरौंदा बनाता है। आप एक कौवे को जख्मी कर दें या मार दें तो थोड़ी ही देर में ढेर सारे कौवे वहाँ जमा हो जाते हैं।

कुदरत की गोद में पेड़, पहाड़, परिन्दों और जानवरों का साथ मिलता है, जिनसे आज भी बहुत कुछ सीखना जरूरी है। इनसान अपने फायदे के लिए अपनी वफादारी बदल लेता है, परन्तु जानवर की मोहब्बत एकदम निखालिस मोहब्बत होती है। अब बताइए इनसान की गैर-इनसानी हरकत पर उसे कुत्ता क्यों कहा जाता है?

आज टेक्नोलोजी में महारत हासिल करने के बाद भी आकाश में हवाई जहाजों के टकरा जाने या टकराने से बाल-बाल बचने की बात अक्सर सुनी जाती है, परन्तु आकाश में सैकड़ों परिन्दे साथ-साथ उड़ते हुए भी कभी टकराते नहीं। इनसान-इनसान से टकराता है और उसका गुरूर हाथियों के मानिन्द भिड़ जाता है। हमने अपने इर्द-गिर्द वहशत का आलम खड़ा कर लिया है और उसे हम जंगलराज कहते हैं, जबकि जंगल के अपने कानून-कायदे हैं जिन्हें सारे जानवर और परिन्दे निभाते हैं। बया बहुत छोटा परिन्दा है। नन्हा सा पुरुष बया नाजुक घोंसले बनाता है जिनमें बारिश की एक बूँद भी नहीं घुस पाती। बया कई डिजाइन के घोंसले बनाता है और समागम के मौसम में मादा बया अपनी पसन्द का घोंसला चुनती है और उसमें अण्डा देती है। मादा को पूरी स्वतन्त्रता दी जाती है और इज्जत बख्शी जाती है। इनसान दहेज के लिए बहुओं को जला देता है दूसरी तरफ क्या हम अपनी बेटियों को पूरी आजादी देते हैं? परिन्दे तिनका-तिनका बीनकर ख्वाबों की तरह घोंसले गढ़ते हैं और इनसान ख्वाबों की कब्रगाह बनाता है।

सैकड़ों भेड़ों को एक चरवाहा इशारे से हाँकता है, परन्तु जब इनसान भीड़ बनता है तो अपना विवेक खो देता है और उसकी इस हरकत को हम लोग भेड़िया

धसान कहते हैं। आपने कभी नहीं सुना होगा कि जानवर या परिन्दों की भगदड़ में उनकी मौत हुई हो, परन्तु नासिक कुम्भ के दरम्यान कई लोग मरे और मक्का में जियारत के समय भगदड़ अनेक बार हुई है। जानवरों और परिन्दों की भीड़ और इनसानी भीड़ में बहुत फर्क होता है। यह कितनी अजीब बात है कि हजारों मील दूर से परिन्दे अपनी हिफाजत वाले मौसम की जगहों पर पहुँच जाते हैं। उनके लिए कोई सरहद नहीं है। कुदरत ने धरती पर सरहदें नहीं बनाईं, ये इनसान की बनाई हुई हैं और इन इनसानी सरहदों पर हमेशा बन्दूकें तनी रहती हैं। हर मुल्क की कमाई का बड़ा हिस्सा फौजों पर खर्च होता है। भूख से इनसान मरते हैं। फिर भी हथियारों की होड़ लगी हुई है। जानवर और परिन्दों में मजहबी झगड़े भी नहीं होते जबकि सारे समझदार एक सत्ता के सच को जानते हुए भी अलग-अलग ईश्वर/खुदा के नाम पर खून बहाते हैं। सारे मजहब में मोहब्बत की ताकत को ऊँचा दर्जा दिया है परन्तु मजहब के नाम पर सबसे ज्यादा खून बहाया है।

जायदाद को लेकर अनेक फसादात होते रहे हैं परन्तु जानवर और परिन्दे इस जहालत से आजाद हैं। फिर भी हम इनसानी हिमाकतों के लिए उन्हें जानवर कहते हैं। दरअसल जानवरों, परिन्दों और पेड़ों से हमें आज भी बहुत कुछ सीखना है। पशु-पक्षी को देखकर हमारे बुजुर्ग बहुत कुछ सीखते रहते हैं। वे आज भी सिखाने को बेकरार हैं, पर हमने ही सीखना बन्द कर दिया है।

और वह लौट गया?

इकलौते बेटे की दुर्घटना में हुई अचानक मृत्यु से वह इतना दुखी हुआ कि उसने आत्महत्या करने की ठान ली। शाम गहराते ही वह नदी पर बने पुल पर जा पहुँचा। अच्छी ठण्ड थी– फिर भी पुल पर लोगों का आना-जाना लगा था। उसे लगा कि नदी में छलाँग लगाते देख उसे कोई बचा न ले। वह अपने बचने की कोई गुंजाइश नहीं छोड़ना चाहता था। उसने सोचा कि कुछ समय इधर-उधर बिता कर यहाँ सुनसान होने का इन्तजार करना ठीक होगा। वह नदी के किनारे जाकर इधर-उधर टहलने लगा। वहाँ पास ही एक झोंपड़ी के बाहर एक बुजुर्ग अलाव तापते हुए कोई भजन गा रहे थे। वैसे उसकी मनःस्थिति उस समय किसी से मिलने या बतियाने की नहीं थी लेकिन अलाव की रोशनी में एक बड़ी सी फोटो फ्रेम देखकर उसके पैर अनायास उधर ही बढ़ गए। वहाँ पास ही कच्ची बस्ती के कुछ बच्चे भी बुजुर्ग के साथ भजन गा रहे थे। झोंपड़ी के बाहर लटके एक बोर्ड पर 'कबीर पाठशाला' लिखा हुआ था। बुजुर्ग ने उसे बैठने का इशारा

किया। ''यह बड़ी सी ग्रुप फोटो....... और अलाव के पास?'' उसने पास बैठते हुए बुजुर्ग से पूछा। बुजुर्ग ने कहा, ''इसमें बीच में कुर्सी पर बैठा हुआ मैं हूँ। पास में कुर्सी पर बैठी हुई मेरी पत्नी फूलवती है। हमारे पीछे हमारे बेटे सनी और जय खड़े हैं। इनके पास खड़ी ज्योति और पम्मी मेरी बहुएँ हैं। आगे बैठे बंटी और बबलू मेरे पोते हैं। इन्हें भी सर्दी लग रही है न। इसलिए इन्हें भी अलाव के पास रखा है।'' इतना कहकर बुजुर्ग के ताम्रवर्णी चेहरे पर हल्की सी एक दिव्य मुस्कान तैर गई थी। ''बाबा, मैं कुछ समझा नहीं'', उसने कहा। ''कुछ नहीं पुत्तर, कोई पाँच साल पहले मैं बाहर गया हुआ था। पीछे से आतंकवादियों ने घर में घुसकर इन सभी की हत्या कर दी थी। बस अब ये इसी तरह मेरे साथ हैं।'' बुजुर्ग यह कहकर फिर कबीर का कोई भजन गाने में मस्त हो गया। वह स्तब्ध था। कुछ क्षण बाद उसने बुजुर्ग के चरण स्पर्श किए और मुस्कराते हुए वह अपने घर की ओर लौट पड़ा।

10

हमारी दिनचर्या और स्वास्थ्य

हमारे शरीर के अंगों (Organ) में बहने वाली ऊर्जा का एक निश्चित समय प्रबन्ध होता है। जिसे हम अंग ऊर्जा समय कहते हैं। हमारे शरीर में व्याप्त ऊर्जा यूँ तो सदैव गतिमान रहती है परन्तु निश्चित समय में निश्चित अंग अत्यधिक सक्रिय या कम सक्रिय रहते हैं और उसी आधार पर हम अपनी संस्कृति में व्याप्त दिनचर्या का महत्व समझ सकते हैं। कहा गया है जिसकी दिनचर्या अंग ऊर्जा समय के अनुसार होगी वह व्यक्ति स्वस्थ रहेगा।

वैदिक शास्त्रों में सुबह ब्रह्ममुहूर्त में उठने का प्रावधान है क्योंकि प्रातः 3 से 5 बजे के बीच फेफड़ो में प्राण ऊर्जा का प्रवाह सर्वाधिक होता है। इसी कारण प्रातः ब्रह्ममुहूर्त में उठकर खुली हवा में घूमने वाले, शुद्ध वायु में प्राणायाम तथा श्वसन करने वाले के फेफड़े सशक्त होते हैं। एक शोध से ज्ञात हुआ है कि ब्रह्ममुहूर्त में पीयूष तथा पिनियल ग्रन्थियों से हार्मोन्स निकलता है जो मस्तिष्क की स्मरण शक्ति के लिए लाभदायक रहता है। इसलिए सुबह ब्रह्ममुहूर्त में उठने वाले अधिक बुद्धिमान, स्वस्थ, सजग एवं क्रियाशील होते हैं। अंग्रेजी की यह कहावत कि "Early to bed and early to rise, makes a man healthy, wealthy and wise" हमारे लिए आदर्श प्रेरणा है।

इसी प्रकार 5 से 7 बजे के मध्य धर्मानुसार दैनिक क्रियाकलापों का समय होता है और ऊर्जा सिद्धान्तानुसार इस समय बड़ी आँत की ऊर्जा अधिक होती है। यह समय मलत्याग का सर्वोत्तम समय है। यदि इस समय मलत्याग नहीं किया जाता तो मल सूखकर कड़ा होने लगता है जिससे कब्ज होती है। 7 से 9 बजे तक आमाशय की ऊर्जा अधिक होती है तथा 9 से 11 बजे तिल्ली और अग्नाशय (पेंक्रियाज) की ऊर्जा अधिक होती है। इस समय शरीर में पेंक्रियाटिक रस और इन्सुलिन सर्वाधिक बनता है। इन रसों का पाचन में विशेष महत्व है। सुबह 11 से 1 बजे के बीच हृदय का समय होता है। इस

समय शरीर में रक्त संचार अधिक होता है। अतः इस समय अपने कार्य निपटाने चाहिए।

दोपहर 1 से 3 बजे का समय छोटी आँत का होता है जिसमें पोषक तत्वों को मल भाग से अलग करना, मल को बड़ी आँत में धकेलने का कार्य होता है। दोपहर 3 से 5 बजे के मध्य मूत्राशय में जल एवं द्रव पदार्थों का नियन्त्रण होता है। सायं 5 से 7 बजे के बीच फिर भोजन ग्रहण कर लेना चाहिए। इस समय किडनी का समय होता है। साथ ही इसके दौरान आमाशय की कम ऊर्जा का समय होने से शाम 7 बजे के बाद भोजन करने से भोजन पचाने में परेशानी होती है।

सायं 7 से 9 बजे के मध्य पैरीकार्डियम का समय होता है। ऐसे समय दिमाग के कार्य करने चाहिए। इसलिए इस समय संध्या, ध्यान का भी समय होता है। रात्रि 9 से 11 बजे के बीच ट्रिपल वार्मर का समय होता है, इसलिए निद्रा के लिए चले जाना चाहिए। रात्रि 11 से 1 व 1 से 3 बजे क्रमशः पित्ताशय का समय होता है, इसलिए जो लोग देर रात तक जागते हैं उन्हें विकार व नेत्र रोग हो जाते हैं। क्योंकि आँखों से कार्य करने पर लीवर पर प्रभाव पड़ता है, लीवर से आँखों का सम्बन्ध होता है।

यदि कारणवश मनुष्य की दिनचर्या में कभी-कभी परिवर्तन होता है तो शरीर इस ऊर्जा विभाजन को आसानी से समाहित कर लेता है। परन्तु यदि ऐसा लगातार या आदतवश होता है तो प्राकृतिक समय ऊर्जा चक्र के साथ अपना सन्तुलन नहीं बना पाता जिससे शरीर रोगों से घिर जाता है। इसलिए हमें अपनी दिनचर्या स्वास्थ्य विज्ञान के अनुसार ही अपनाने का प्रयास करना चाहिए जिससे शरीर में प्रवाहित होने वाली विभिन्न ऊर्जा का हम उपयोग कर सकें।

ऐसे रहें सदा स्वस्थ

सुबह उठकर पृथ्वी को नमन करके, सूर्य को प्रणाम कर प्राणायाम आदि करने वाला व्यक्ति सदा स्वस्थ रहता है। सुबह बिस्तर से उठते ही आधा लीटर से एक लीटर तक पानी पीने वाला हमेशा निरोगी रहता है। अगर यह पानी शाम को ही ताँबे के बर्तन में रख दिया जाए और सुबह पी लिया जाए तो स्वास्थ्य के लिए लाभदायक रहता है।

नमक में सरसों का तेल मिलाकर दाँत और मसूढ़ों को रगड़कर साफ करने से दाँत मजबूत होते हैं। इससे पायरिया की बीमारी तक ठीक होती है। स्नान के बाद प्राणायाम और आसन करने से बहुत लाभ मिलता है। प्रतिदिन कुनकुने पानी से नहाना चाहिए और नहाते समय कपड़े से त्वचा रगड़कर नहाने से और लाभ होता है। नहाने के बाद सूखे तौलिए से शरीर को रगड़कर पोंछे। सूर्य स्नान से शरीर को विटामिन डी मिलता है। मालिश सबके लिए बहुत लाभप्रद है। मालिश से बच्चे स्वस्थ रहते हैं, बूढ़े शारीरिक रोगों से दूर रहते हैं, युवाओं की मांसपेशियाँ गठीली बनती हैं, उनमें लचक और कसाव आता है। मालिश से त्वचा चिकनी और स्वस्थ रहती है।

भोजन करने से पहले हाथ अवश्य धोएँ। भोजन भूख से कम करना ही ठीक रहता है। हरी साग-सब्जियों तथा फलों का सेवन करना चाहिए। इसमें प्रचुर मात्रा में प्रोटीन, विटामिन्स, लौहतत्व मौजूद होते हैं। भोजन खूब चबा-चबाकर खाना चाहिए। दाँतों का काम आँतों से लेने पर पाचन क्रिया बिगड़ जाती है। भोजन करने के अन्त में या भोजन करते समय ज्यादा पानी नहीं पीना चाहिए।

शराब, बीयर, ब्रांडी तथा अन्य मादक पदार्थ शरीर और आत्मा दोनों को बिगाड़ते हैं। हर समय सिर ठण्डा, पैर गरम और पेट नरम रखें। भोजन और योग दोनों व्यवस्थित रूप से करने पर ऐसा सम्भव है। सप्ताह में एक दिन का उपवास नींबू-पानी पीकर करें। इससे शारीरिक स्वास्थ्य ठीक रहेगा। दिन में केवल दो बार ही भोजन करें। पचास से अधिक आयु के जिनका शारीरिक स्वास्थ्य और हालत ठीक है वे दिन में एक बार सन्तुलित आहार या पूर्ण भोजन अवश्य करें। बाकी समय दूध और फल ले सकते हैं इससे उनका शारीरिक स्वास्थ्य ठीक रहेगा।

भोजन शान्त और खुशहाल वातावरण में लेना लाभदायक होता है। भोजन करते समय या सोते समय किसी तरह की चिन्ता, शोक, क्रोध तथा द्वेष मन में न पालें। क्रोधावस्था में भोजन करना स्वास्थ्य के लिए जहर के समान होता है इसलिए क्रोध शान्त हो जाने के बाद ही भोजन करना चाहिए। आँख, कान, नाक, जीभ तथा जननांग ये पाँच इन्द्रियाँ हैं, इन पर संयम रखना मनुष्य के लिए बहुत जरूरी है।

सोने से पहले पैर अवश्य धोएँ, सोते समय ईश्वर का ध्यान करने से नींद अच्छी आती है। रात्रि को आहार सोने से तीन-चार घण्टे पूर्व लेना चाहिए। भोजन के बाद कठिन कार्य न करें, मुँह ढँककर नहीं सोना चाहिए। रात के दस बजे तक सो जाना उचित होता है। जल्दी सोने और जल्दी उठने से स्वास्थ्य अच्छा होता है। मन में परोपकार की भावना रखने से मन शान्त और स्वस्थ रहता है। जैसे सात स्वरों पर पूरा संगीत निर्भर है, वैसे ही हमारा स्वास्थ्य भी कफ, पित्त और वात्त के सन्तुलन पर निर्भर है, अगर ये सन्तुलित रहेंगे तो हम अवश्य ही स्वस्थ रहेंगे।

बुढ़ापा रोकने के उपाय

1. **कसरत - व्यायाम :** शरीर के छोटे-बड़े स्नायुओं को और अन्य अवयवों को जीवन्त रखने के लिए खून के दौरे को गतिशील रखना अनिवार्य है। कसरत-व्यायाम से स्नायुओं में संकुचन-प्रसरण और घर्षण होने से रक्त भ्रमण की क्रिया गतिशील होती है। प्रत्येक अवयव को अधिक मात्रा में रक्त मिलने लगता है।
2. **मालिश :** मालिश करने से बारीक नसों में रक्त का परिभ्रमण ठीक तरह से होने लगता है। नसों में जमा हुआ विजातीय द्रव्य अलग पड़ता है और नया जम नहीं पाता। इस प्रकार अलग पड़ा हुआ विजातीय द्रव्य पसीने और मलमूत्र के साथ शरीर से बाहर निकल जाता है।
3. **योगासन :** प्रत्येक व्यक्ति को चाहिए कि वह अपनी दिनचर्या में निम्नलिखित कार्यक्रमों का समावेश अवश्य करे :
   (क) स्नान करते समय ठण्डे-गर्म पानी का उपयोग करें। इससे रुधिर परिभ्रमण को गति मिलती है। ठण्डे और गर्म पानी से क्रमशः स्नान करें।
   (ख) ठण्डे पानी से शरीर को 'भीगा घर्षण' देना चाहिए अर्थात तौलिए को पानी में निचोड़कर उससे शरीर को रगड़ना है।

(ग) स्नान करने के बाद सूखे तौलिए से शरीर को 'सूखा घर्षण' देना चाहिए। कसरत-व्यायाम के बाद भी सूखे तौलिए से शरीर को 'सूखा घर्षण' देना चाहिए।

उम्र बढ़ने के साथ रक्तवाहिनियों अर्थात धमनियों और शिराओं में एक प्रकार का विजातीय द्रव्य (एक किस्म के चूने के क्षार जैसा पदार्थ) इकट्ठा होता है और अतिरिक्त स्तर की तरह उसमें चिपक जाता है। फलस्वरूप नसें कनकनी (fragile) हो जाती हैं। रक्त प्रवाह में विघ्न पड़ता है। नसों की क्षमता में कमी आती है। यदि इस द्रव्य को धमनियों और शिराओं में एकत्रित होने से न रोका जाए तो वह लगातार बढ़ता रहता है और सम्पूर्ण शरीर तन्त्र को भारी क्षति पहुँचाता है। ऐसी स्थिति निर्माण होने पर यौवन सुलभ स्फूर्ति, चपलता, उत्साह और लगन अदृश्य हो जाते हैं। पूरे शरीर में वृद्धावस्था की मन्दता, शिथिलता और नीरसता दिखाई देती है। वृद्धावस्था में मुख्य नसों में जड़ता उत्पन्न होने के कारण मस्तिष्क को पर्याप्त मात्रा में शुद्ध रक्त नहीं मिल पाता और मनुष्य की स्मरण शक्ति मन्द पड़ जाती है। इसी प्रकार शरीर के अन्य अवयव भी शिथिल हो जाते हैं। इस प्रकार शरीर में बुढ़ापे के चिन्ह दिखाई देने लगते हैं।

विजातीय द्रव्य शरीर में जमा न होने पाए और यदि जम गया हो तो उसे विविध व्यायामों के द्वारा स्थान-भ्रष्ट कर क्रमशः दूर करना चाहिए।

वृद्धावस्था में इन नियमों का पालन करें तो अच्छा रहेगा–

1. ब्रह्म मुहूर्त में उठिए।
2. दोहपर के भोजन में मिताहारी बनें। रात्रि भोजन में हल्का आहार पसन्द करें।
3. प्रतिदिन दो बार पाखाना जाने की आदत डालें।
4. कब्जियत को नियन्त्रण में रखने के लिए हरड़ का सेवन कर सकते हैं।
5. मिर्च, नमक और अन्य मसालों से रहित सादा, सुपाच्य, सन्तुलित और पथ्यकर आहार लें।
6. हफ्ते में दो-तीन बार हल्के हाथों से तेल मालिश करें।
7. वृद्धावस्था में सन्तोषी, संयमी और स्थितप्रज्ञ बनकर प्रवृत्तिमय जीवन बिताएँ।
8. परोपकार और सेवा कार्यों में व्यस्त रहें। हमेशा कार्यरत रहें।
9. अपने अनुकूल कोई-न-कोई कसरत करते रहें। यथाशक्ति घूमने-टहलने भी जाया करें। याद रखिए, व्याधिरहित वृद्धत्व मनुष्य मात्र का जन्मसिद्ध अधिकार है।

11

वृद्धावस्था में ध्यान देने योग्य बातें

जीवन का उद्देश्य

- यदि हम इस जीवन संध्या को सुखी बनाना चाहते हैं तो हमें अपनी जीवन संध्या के लिए एक अर्थपूर्ण उद्देश्य निश्चित करना चाहिए।
- आप जीवन का ऐसा उद्देश्य बनाएँ जिससे आपको जीवन का भरपूर आनन्द मिले और साथ ही समाज एवं आपके लिए सार्थक भी हो, उसे सहजता से सम्पन्न कर सकें। ये उद्देश्य किसी प्रकार के तनाव व चिन्ता से कोसों दूर हों।
- जो शान्त और प्रसन्न स्वभाव का होगा उस पर उम्र का प्रभाव कम दिखाई देगा, परन्तु जो अशान्त और दुःखी होगा उस पर उम्र का प्रभाव कुछ ज्यादा ही नजर आएगा।

सकारात्मक विचार

- सकारात्मक दृष्टिकोण अपनाने से आपकी जीवन संध्या एक सुखद मार्ग से गुजरेगी, क्योंकि सकारात्मक दृष्टिकोण के आश्चर्यजनक परिणाम निकल सकते हैं। परन्तु नकारात्मक दृष्टिकोण से ठीक इसके विपरीत परिणाम होते हैं। विवेकहीन विचार ही आपके मानसिक कष्ट के कारण होते हैं।
- आप अपने मनोबल को ऊँचा बनाएँ रखें, मनोबल गिरने से कठिनाइयाँ बढ़ती हैं। जीवन की संध्या में वास्तविक समस्याओं की कोई कमी नहीं होती है। इसलिए आप काल्पनिक समस्याओं को आमन्त्रित नहीं करें।

- 'अवसाद' (डिप्रेशन) एक विवेकहीन विपत्ति है, यह सभी भावात्मक वेदनाओं से कठोर है। यह मनोभाव केवल मनुष्य और बन्दर में पाया जाता है। अवसाद का मनोभाव सर्दी-जुकाम से ज्यादा प्रचलित है।
- जो लोग युवावस्था में धर्म से दूर थे, वे लोग भी जीवन संध्या में ईश्वर और धर्म में विश्वास करने लगते हैं। यह उन्हें निश्चित रूप से सुख और शांति प्रदान करते हैं।

सार्थक कार्य

- आप अपनी कुछ अभिरुचियों और क्रियाकलापों को जिनसे आपको आनन्द मिलता है, पहचानें और उनमें तन्मय होकर इस अवस्था की गुणवत्ता को बढ़ाएँ। सुख कार्य करने में है।
- सार्थक कार्यों में व्यस्त रहें। अपने शरीर और मस्तिष्क का जितना उपयोग रहेगा आपका मन दुःखों से उतना ही दूर रहेगा।
- केवल व्यस्त रहना ही पर्याप्त नहीं है उससे आपको पर्याप्त सन्तोष मिलना चाहिए। कार्य सेवाभाव से किया जाए तो वह सर्वोत्तम होगा। आप दूसरों से अपनी तुलना कर चिन्तित न हों।

स्वास्थ्य पर ध्यान दें

- शरीर व्याधियों का घर है परन्तु इस घर में व्याधियाँ तभी अपना निवास बना सकती हैं जब इस शरीर रूपी मन्दिर की उचित देखभाल न हो।
- वृद्धावस्था में योग और ध्यान का अभ्यास बहुत ही लाभदायक है। योग से शरीर स्वस्थ रहता है और ध्यान से मन शान्त रहता है। योग और ध्यान का अभ्यास किसी कुशल शिक्षक के निर्देशन में ही आरम्भ करना उचित है।
- जो टहलने में समर्थ हैं उनके लिए पाँच किलोमीटर का टहलना किसी भी दर्शन, प्रवचन या औषधि से उत्तम है। टहलना साँस लेने जितना ही आवश्यक है।
- चिकित्सक और मनोवैज्ञानिक यह कहते हैं कि हँसना एक सर्वोत्तम औषधि है। यदि जीवन में विनोद वृत्ति हो तो जीवन का वातावरण प्रफुल्लित रहता है।
- अच्छी नींद लीजिए। इससे आपके अन्दर पुनः नई शक्ति का संचार होता है।

खान-पान

- ढलती उम्र में यदि खान-पान में संयम रखा जाए और जीवनशैली में वांछित परिवर्तन लाया जाए तो स्वस्थ्य अच्छे रहने की ज्यादा सम्भावना रहती है।

- अपने स्वाद को समाप्त न करें, स्वाद का आनन्द जरूर उठाते रहें। केवल इतना ध्यान रखें कि कौन सा भोजन आपके लिए हानिकारक है, उससे दूर रहें।
- वृद्धावस्था में आपको ऐसे रहना चाहिए कि नई पीढ़ी आपके रहन-सहन को पसन्द करें। समय की धारा के साथ बदलते रहें।

आवास व्यवस्था

- आवास का चयन करने में इस बात का ध्यान रखें कि मकान जमीनी तल पर हो, जिससे सीढ़ियाँ चढ़ने की समस्या न आए। घर के पास ही चिकित्सा एवं यातायात की सुविधा हो।
- किसी निकट सम्बन्धी के साथ रहने का निर्णय भी बहुत सोच-समझ कर करें क्योंकि बार-बार घर बदलना कठिन होता है। नए वातावरण में घुलना-मिलना भी कठिन होता है।
- यदि आपने युवावस्था में मकान पर व्यय किया है और मकान आपकी आवश्यकता से बड़ा है तो उसे बेचकर छोटा मकान खरीद सकते हैं या कोई फ्लेट किराए पर ले सकते हैं। ऐसा करने में शेष बची हुई राशि बैंक में जमा कर दें जिससे आय का निश्चित स्रोत बन जाएगा।

आर्थिक पक्ष

- जीवन संध्या में बजट बनाकर खर्च करें। यदि माह के अन्त में आपके पास पैसे बचे रहते हैं तो समझिए कि आपका बजट अच्छा है।
- वृद्धावस्था में कम खर्च वाली जीवन शैली अपनाने के लिए पहले वाली जीवनशैली में बदलाव करना पड़ेगा।
- यदि ज्यादा परिश्रम न करना पड़े तो आमदनी बढ़ाने के लिए काम करने से कुछ लोगों का जीवन आनन्दपूर्वक कट जाता है और बढ़ भी जाता है।
- कोई गम्भीर कार्य या संस्था से सम्बन्धित किसी विशेष जिम्मेदारी का काम नहीं लेना चाहिए जिससे कि तनाव उत्पन्न हो। किसी प्रकार का नया आर्थिक बोझ अपने ऊपर उठाने का प्रयास न करें।

बच्चों से व्यवहार

- मन में ऐसे विचार रखें कि आपका बच्चों पर किसी प्रकार का उपकार नहीं है। उनके साथ अच्छा व्यवहार करने में अन्य मित्रों की भाँति आपसी आदर और सद्भावनापूर्ण व्यवहार किया जाए।
- यदि आपका सम्बन्ध बच्चों से मधुर रहता है तो वृद्धावस्था में यह आपके लिए उपयोगी सिद्ध हो सकता है। बच्चों से खुले दिल से विचार-विमर्श करें। आवश्यक हो तो उनसे राय लें एवं राय दें।

समस्या समाधान

- यदि कोई समस्या आपको कष्ट दे रही है तो इस बात का विचार करें कि क्या आप इसे दूर करने के लिए कुछ कर सकते हैं? यदि आप कुछ कर सकते हैं तो अवश्य कीजिए। यदि आप कुछ कर नहीं कर सकते हैं तो इसे भूल जाइए।
- अपनी समस्याओं से संबंधित निर्णय लेने से कतराएँ नहीं। आवश्यक कार्यों को पहले करें। अनावश्यक व्यस्तता सही नहीं है।

मेलजोल बढ़ाएँ

- वृद्धावस्था में अपने मित्रों एवं हितैषियों से सम्पर्क रखना चाहिए। समय-समय पर उन्हें अपने यहाँ बुलाकर उनका स्वागत-सत्कार करते रहना चाहिए।
- सम्भव हो तो मित्रों की संख्या में विस्तार करें।

12

सुख-दुःख की समस्या

संसार के सभी प्राणी एक-दूसरे की तुलना में सुखी-दुखी होते हैं। न कोई केवल सुखी होता है न कोई केवल दुखी। वास्तव में यह समस्या इतनी सरल भी नहीं है। क्योंकि लोगों की आयु समान नहीं है। कोई जन्मते ही मर जाता है कोई सौ वर्ष और उससे भी अधिक आयु भोगता है। सन्ततियों की संख्या समान नहीं है, स्वास्थ्य में भेद है, मानसिक योग्यता में भी भेद है। यह भी नहीं कह सकते हैं कि एक अंग की कमी दूसरे अंग की अधिक क्षमता से पूरी हो जाया करती है। प्रत्येक व्यक्ति के सब सुख-दुःख मिलकर दूसरे व्यक्तियों के सुख-दुःख के समान भी नहीं हैं। फिर इन सुख-दुःख की समस्याओं में कैसे तारतम्य है, समझना कठिन है। यदि सब प्राणियों में सुख की मात्रा समान हो, तो उसे सुख या दुःख कहने में कोई निर्णायक न हो सकेगा। सुख-दुःख का एक-दूसरे की तुलना में कमी-बेशी का विचार एक पहेली को उपस्थित करता है।

प्रकृतिवाद इस तारतम्य का उत्तरदायित्व परिस्थिति भेद पर डालता है। परन्तु परिस्थिति भेद क्यों होता है? आत्मवादी आत्मा को प्रवृत्ति का खिलौना नहीं बना सकता। परमात्मा की इच्छा मात्र को इस तारतम्य का कारण मानना परमात्मा को पक्षपाती मानना है या केवल तरंगी। यह बात किसी धर्मवादी को अभीष्ट नहीं। धीर पुरुष अपने सुख-दुःख का का उत्तरदायित्व अपने ही ऊपर डालेंगे अर्थात इसे जीव के कर्मों का ही फल ठहराएँगे। वेद आत्मा को "स्वधया गृभीतः" कहता है अर्थात जीव स्वतन्त्रता से ही बन्धन में पड़ता है।

मानसिक चिकित्सावाद वालों का मत है कि दुःख की कोई सत्ता नहीं है। इस वाद के अनुयायियों का मत है कि मनुष्य संकटों की कल्पना अपने मन से करता है। निराशावादी संसार को दुःख ही दुःख का हेतु मानते हैं। यह दोनों ही बातें भूल हैं। तर्क भ्रम-मात्र से सत्ता को भी उपेक्षा की दृष्टि से नहीं देख सकता। यह संकल्प करना कि मैं निष्पाप हूँ, मुझे दुःख नहीं छू सकता, दुःख की सत्ता किसी-न-किसी रूप में स्वीकार करना ही है। यदि दुःखों की सत्ता काल्पनिक हो तो भी उनकी सत्ता हुई। वास्तव में यह समस्या इतनी सरल नहीं।

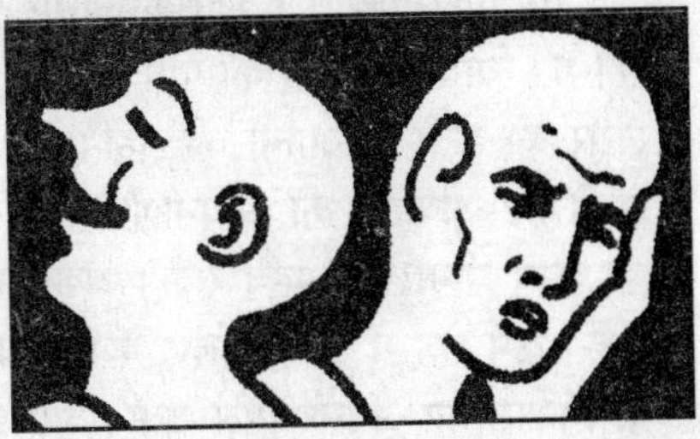

यदि हम वंश-जन्म संस्कारों की बात करें तो माता-पिता की अपनी आत्मिक सत्ता भी तो है। तब फिर उनके सुकर्मों या कुकर्मों का फल सन्तति को क्यों भोगना पड़ता है? एक व्यक्ति किसी रोगी अथवा व्यसनी पिता के घर जन्म लेकर पैतृक रोग तथा व्यसन का भागी होता है। दूसरा इसके विपरीत स्वस्थ साधु स्वभाव वंशजों की सन्तान होकर जन्म काल से ही हृष्ट-पुष्ट शरीर तथा निर्दोष मन और मस्तिष्क का भागी बनता है। कारण क्या है? क्या यह सब कुछ आकस्मिक है। यदि जीवन केवल मात्र आकस्मिक घटनाओं की शृंखला है तो कोई सुकर्म क्यों करें? पुरुषार्थ क्यों करें? मिलता तो वही है जो परमात्मा करता है और प्रकृति करती है। परन्तु इस धारणा में न वीरता है, न बुद्धिमता।

अन्ततः जीवन की धारणा के होते मृत्यु का महत्व कम हो जाता है। सुखवाद के उथलापन के स्थान पर गम्भीर धैर्य का विकास होता है और मनुष्य उस रास्ते पर चल पड़ता है जिसका ध्येय पुरुषार्थ है। अनन्त काल की भावना में गहराई है। हम अनादिकाल से आते हैं और अनन्त काल तक रहेंगे। हम विधाता की क्रीड़ा मात्र नहीं हैं। हम अपने भाग्य का निर्माण आप करते हैं ये भी उत्तम भाव है।

मृत्यु के पश्चात् क्या होता है? यह एक समस्या है जिसके हल करने का यत्न मानव बुद्धि सदा से करती चली आ रही है। यदि मृत्यु के साथ ही आत्मा का अन्त हो जाता है तो धर्म-कर्म, पुण्य-पाप, अच्छाई-बुराई, इन सब का अर्थ नहीं रहता है। एक अत्यन्त उपयोगी और परोपकाररत आत्मा जो सहस्रों अन्य शरीर धारियों का आश्रय बना हुआ हैं, जिसने आत्मिक और नैतिक उन्नति में कोई कसर नहीं छोड़ी, वह देखते-ही-देखते सदा के लिए समाप्त हो जाएगा। उसके सारे

श्रम और प्रयत्न पानी के बुलबुले के समान नष्ट हो जाएँ, यह विवेकी मनुष्य की बुद्धि स्वीकार नहीं कर सकती। आत्मिक, नैतिक और चारित्रिक प्रयत्न अवश्य फलीभूत होने चाहिए।

फूलों में सुगन्ध, तिलहनों में तेल, लकड़ी में आग, दूध में मक्खन व गन्ने में छुपी हुई शक्कर को आँख से नहीं देखा जा सकता। वैसे ही हमारे शरीर के लिए आत्मा को हम नहीं देख सकते हैं।

यह एक विश्वास है जिसके आधार पर मानव समाज की सारी व्यवस्था चल रही है। न्याय और दया का पवित्र विचार भी इस आधार पर टिका हुआ है। मृत्यु शरीर की होती है, आत्मा की नहीं। तब फिर शरीर से मुक्त होकर आत्मा कहाँ जाती है? जीवात्मा को अविनाशी और नित्य इसीलिए मानते हैं कि वह उन्नति की चरम सीमा तक पहुँच सके। अपने परिश्रम की खेती को फलता-फूलता देख सके। कर्म क्षेत्र में इसे इसलिए भेजा गया है कि इसे अपनी स्वाभाविक शक्तियों के विकास का अवसर मिल सके। क्या इसी एक जीवन में आत्मा की शक्तियों का पूर्ण विकास हो गया है? क्या इसे अब कर्म करने की आवश्यकता नहीं रही? इन सुख-दुःखों के सत्य होते हुए भी आध्यात्मिक आनन्द का रस इतना प्रबल है कि यदि वह प्राप्त हो जाए तो भौतिक सुख-दुःख का उस आनन्द में लोप हो जाता है। भौतिक आनन्द भी संयमपूर्वक ही भोगे जा सकते हैं। अन्यथा वे स्वयं रोग बन जाते हैं। संयम आध्यात्म पक्ष की चीज है। इसी के आभास से मनुष्य आत्मशक्ति को प्राप्त करता है जिससे मुक्ति होती है। यही जीवन की सफलता है।

आभार

दो अभिन्न मित्र साथ-साथ कहीं जा रहे थे। तभी एक मित्र की नजर सामने से आती हुई एक सेठ की पालकी पर पड़ी। उसने आह भरकर कहा, "देखो मित्र, वह सेठ कितना भाग्यशाली है, मजे से पालकी की सवारी कर रहा है और एक तरफ हम धूप में पैदल चलने को विवश हैं। भगवान का कैसा अन्याय है कि हमारे पास कोई सुख और साधन नहीं है।"

दूसरे मित्र ने यह सुनकर तुरन्त जवाब दिया, "अरे, तुम्हारा ध्यान पालकी में बैठे सेठ की तरफ गया और तुमने इतना कुछ सोच लिया लेकिन पालकी ढो रहे कहारों की ओर तुमने ध्यान नहीं दिया। जरा देखो, वे चारों कहार किस प्रकार पसीना-पसीना हो रहे हैं पर पालकी का वजन खींचने को मजबूर हैं। इसलिए सेठ के भाग्य से ईर्ष्या करने के बजाय भगवान को धन्यवाद दो कि हमें कितना भाग्यशाली बनाया है।"

वयोवृद्ध पिता का पत्र परदेस में बसे बेटे के नाम......

मेरे प्रिय बेटे

देवाशीष,

ढेर सारा प्यार और खूब सारे आशीर्वाद। काफी दिनों बाद पत्र लिख रहा हूँ। क्या करूँ, कई बार लिखने के लिए बैठता हूँ तो शब्द नहीं मिलते और कई बार तो चश्मा नहीं मिलता। अब हाथ भी थोड़े काँपने लगे हैं फिर भी तुम्हारे विदेश जाने की 30वीं वर्षगाँठ पर तुम्हें पत्र लिखने बैठ ही गया। बेटे, पिछली बार फादर्स डे पर तुमने मुझे जो कार्ड भेजा था वह मैंने अपने सारे दोस्तों को दिखाया कि विदेश जाकर मेरा बेटा मुझे भूला नहीं है। पर शायद इस बार तुम अपनी व्यस्तता की वजह से कार्ड भेजना भूल गए होगे।

बेटे, अब मैं 80 बरस का हो गया हूँ। तुम्हारी मम्मी को गुजरे 10 साल हो गए हैं। अब तो मैं खुद ही खाना बना लेता हूँ। पहले रामू था, तो सारे काम कर देता था पर बूढ़ा हो गया था। एक बार बुढ़ापा आया तो उसे साथ लेकर ही गया। अब किसी और को सेवक नहीं रख सकता। डर लगता है, कहीं मुझे मार कर भाग गया तो?

मैं सुबह जल्दी उठ जाता हूँ। उठकर थोड़ा-बहुत अखबार पढ़ता हूँ। फिर भजन वगैरह सुनता हूँ। पर इनमें मन नहीं लगता। मन तो करता है, किसी बच्चे की उँगली पकड़कर घूमने जाऊँ। पर अब बच्चे हैं ही कहाँ? बड़ी मुश्किल से एक बच्चा है, तो कोई किसी ओर की उँगली पकड़कर क्यों उसे जाने देगा? मैं तो रोज सुबह छत पर चला जाता हूँ, कबूतरों को दाना डालने। बड़ा अच्छा लगता है। कभी-कभी लगता है ये कबूतर ज्यादा किस्मत वाले हैं जो उड़ तो सकते हैं।

बेटे, तुम्हें पड़ोस वाले मनोज अंकल तो याद होंगे। अरे, वही डॉ. मनोज जो हमेशा मुस्कराते रहते थे। उनके भी दोनो बेटे बैंगलोर में रहने लगे हैं। अकेले हो गए हैं, बेचारे। पर हैं बड़े हिम्मती। बूढ़ों का इलाज मुफ्त करते हैं। मैं भी हर महीने जाँच करवा लेता हूँ। थोड़ी शुगर बढ़ गई है। मैंने चाय बन्द कर दी है, चिन्ता मत करना।

देव, समय किसी के लिए कब रुकता है, हम ही समय के लिए रुकते हैं। जब मैं पचास का था, तो तुम विदेश गए थे। तुमने खानदान का नाम रोशन कर दिया। आज भी लोगों को मैं गर्व से बताता हूँ कि मेरा बेटा अमेरिका में है। तुम्हारे जाने के बाद से ही तुम्हारी मम्मी बीमार रहने लगी थी। डॉक्टर बीमारी नहीं पकड़ पाए पर बीमारी ने उसे पकड़ लिया था।

तुम जब माँ के क्रियाकर्म पर आए थे, तो 50,000 रुपए दे गए थे। वे बैंक में एक लाख से ज्यादा हो गए। जब कहो, बैंक से भिजवा दूँगा। सुना है, मेरा पोता इंजीनियर हो गया है और कई बड़ी कम्पनियाँ उसे नौकरी दे रही हैं। बहू से कहना कि उसको काला टीका लगाया करे। अब तुम भी पचास के हो गए हो, बुढ़ापे की पहली सीढ़ी आने वाली है। पूरा बचपन तुमने पढ़ने-लिखने में लगा दिया, ढंग से खा-पी भी नहीं पाए। कितने कमजोर हो गए हो। इसलिए लिख रहा हूँ कि पोते को चाहे पैसे कम मिले पर उसे अपने से दूर मत भेजना। बेटा, बुढ़ापे में बच्चों की सबसे ज्यादा जरूरत होती है। बहू को और पोते को खूब प्यार। अब हाथ काँपने लगे हैं, शेष फिर। हाँ, इस फादर्स डे पर कार्ड डालना मत भूलना।

तुम्हारा पिता।

दर्दों का समन्दर हिम्मत ही आधार

13

शरीर में स्वयं को स्वस्थ रखने की क्षमता है

मानव शरीर की संरचना एक अद्‌भुत आश्चर्य है। मस्तिष्क जैसा सुपर कम्प्यूटर, फेफड़े एवं गुर्दे जैसा रक्त शुद्धिकरण यन्त्र, हृदय जैसा निरन्तर गतिशील रक्त पम्प, आमाशय, लीवर जैसा रासायनिक कारखाना, आँख के समान कैमरा, कान के समान श्रवण यन्त्र, जीभ के समान वाणी एवं स्वाद यन्त्र, लिम्फ प्रणाली जैसी नगर निगम के समान सफाई व्यवस्था, नाड़ी तन्त्र के समान मीलों लम्बी संचार व्यवस्था, अन्तःस्रावी ग्रन्थियों के समान सन्तुलित, नियन्त्रित, संयमित, न्यायिक, प्रशासनिक व्यवस्था, अवांछित तत्वों के विसर्जन की व्यवस्था, प्रकाश से भी तेज गति वाला मन इत्यादि यान्त्रिक उपकरणों अथवा अन्य चेतनाशील प्राणियों में एक साथ मिलना असम्भव है। शरीर के ऊपर यदि त्वचा न होती तो कैसी स्थिति होती? क्या हमने कभी कल्पना की है?

शरीर अपने लिए आवश्यक रक्त, मांस, मज्जा, हड्डियाँ, वीर्य आदि अवयवों का निर्माण चेतना के सहयोग से स्वयं करता है, जिसे प्रयोगशालाओं में बनाना

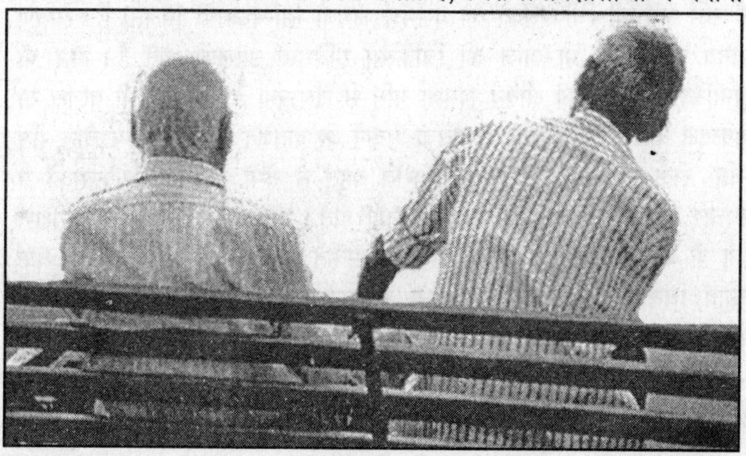

अभी तक सम्भव नहीं हुआ है। हमारे शरीर में पसीने द्वारा त्वचा के छिद्रों से पानी (पसीना) तो आसानी से बाहर आ सकता है, परन्तु पानी में त्वचा को रखने से, उन छिद्रों से पानी भीतर नहीं जा सकता। शरीर का तापक्रम साधारणतया 98.4 डिग्री फारेनहाइट होता है, भले ही बाहर कितनी ही सर्दी अथवा गर्मी क्यों न हो? हम देखते हैं कि जब कभी आँधी या तेज हवाएँ चलती हैं, तब हल्के पदार्थ एक स्थान से दूसरे स्थान पर उड़कर चले जाते हैं। परन्तु हलन-चलन, उठने-बैठने एवं दौड़ने के बावजूद शरीर की पतली से पतली कोई भी नाड़ी अपना स्थान नहीं छोड़ती। यदि हम शीर्षासन करें तो हृदय अपना स्थान नहीं छोड़ता। शरीर के सभी अंग, उपांग, नाड़ियाँ, हड्डियाँ, हलन-चलन के बावजूद कैसे अपने स्थान पर स्थिर रहते हैं? वास्तव में क्या यह आश्चर्य नहीं है?

यदि कोई लाखों रुपए के बदले आपके शरीर का कोई अंग, उपांग अथवा अन्य इन्द्रियाँ आदि लेना चाहे तो यथासम्भव कोई व्यक्ति देना नहीं चाहेगा। क्योंकि पैसों से उन अंगों को पुनः प्राप्त नहीं किया जा सकता। यहाँ तक कि लाखों रुपए के बदले यदि आपको मिनट भर श्वास रोकने का आग्रह करें तो क्या आप ऐसा करना चाहोगे? नहीं! कदापि नहीं। मृत्यु के पश्चात् उस पैसे का क्या उपयोग? क्या हमने कभी सोचा है कि ऐसी अमूल्य श्वास से जो प्रति क्षण निःशुल्क मिल रही है, उसे हम बराबर ले रहे हैं अथवा नहीं? इतने अमूल्य जीवन का उपयोग हम कैसे कर रहे हैं?

दुनिया में असंख्य जाति के जीव हैं। चेतनाशील प्राणियों में मानव का प्रतिशत तो 0.1% से भी कम होता है। 99.9% जीव अपना सहज जीवन जीते हैं। उन्हें किसी भी प्रकार की चिकित्सा पद्धति का न तो कोई ज्ञान होता है और न उन्हें अनुभवी चिकित्सकों का परामर्श अथवा सान्निध्य ही मिलता है। सम्पूर्ण मानव जाति तक भी आज की चिकित्सा सुविधाएँ उपलब्ध नहीं हैं। फिर भी अनादिकाल से उनका जीवन अबाध गति से चल रहा है। कभी-कभी प्रत्यक्ष या अप्रत्यक्ष कारणों से उपचार न करवा सकने के बावजूद कुछ समय पश्चात् रोग स्वतः ठीक हो जाता है। इसके विपरीत बहुत से रोगी अनुभवी चिकित्सकों से उपचार करवाने के बावजूद रोगमुक्त नहीं होते। यन्त्र और रासायनिक परीक्षण रोग के कारणों का सही निदान नहीं कर सकते। क्योंकि उनके पास अभी तक तनाव, चिन्ता, दुःख, दर्द, पीड़ा, वेदना, सम्वेदना, आवेग आदि मानसिक रोगों को मापने का साधन नहीं है और वे ही रोग के मूल कारण होते हैं।

आज हमने उपचार हेतु शरीर को कई टुकड़ों में बाँट दिया है। जैसे कि एक अंग का दूसरे किसी अंग से सम्बन्ध ही न हो। आँख का डॉक्टर अलग, कान, नाक,

दाँत, हृदय, फेंफड़ा, गुर्दा, मस्तिष्क आदि सभी के विशेषज्ञ डॉक्टर अलग-अलग होते हैं। उपचार करते समय जब तक पूर्ण शरीर, मन व आत्मा को एक इकाई के रूप में स्वीकार न किया जाएगा, तब तक स्थायी प्रभावशाली उपचार एक कल्पना मात्र होगी। आँखों का डॉक्टर भौतिक आँखों एवं कान का डॉक्टर भौतिक कान तक सीमित रहकर उस पर गहनतम शोध में व्यस्त है। उसकी चेतना के मूलस्रोत पर उसका नियन्त्रण नहीं है। चींटी और कुत्ते की घ्राणेन्द्रिय (सूँघने की शक्ति) इतनी तीक्ष्ण क्यों होती है? गिद्ध की दृष्टि जैसी प्रत्येक मानव की दृष्टि क्यों नहीं होती? कोयल जैसी मधुरता प्रत्येक मनुष्य की वाणी में क्यों नहीं विकसित होती? आँख बैठे-बैठे अप्रत्यक्ष दृश्यों का स्मरण होते ही पूर्व में देखे गए दृश्यों को देख लेती है। आँख, कान अथवा शरीर का सूक्ष्म से सूक्ष्म भाग अथवा इन्द्रियाँ मात्र भौतिक उपकरण या पदार्थ ही नहीं हैं, परन्तु उसके साथ जीवन्त चेतना, सम्वेदनाएँ और मन की स्मृति, कल्पनाएँ, अनुभूति आदि भी जुड़े हुए हैं, उसके ज्ञान के बिना आँख और कान जैसे शरीर के किसी भी भाग की सूक्ष्मतम जानकारी अधूरी ही होती है।

सजग व्यक्तियों को अपने रोग के कारणों की जितनी सूक्ष्मतम जानकारी होती है उतनी किसी भी चिकित्सक को नहीं हो सकती। शरीर में हजारों रोग होते हैं, जिन्हें रोगी अभिव्यक्त नहीं कर सकता। जितने रोगों को अभिव्यक्त कर सकता है, वे सभी यन्त्रों और रासायनिक परीक्षणों की पकड़ में नहीं आ सकते। जो उनकी पकड़ में आ जाते हैं, उनको सभी डॉक्टर समझ नहीं सकते। सभी अलग-अलग निष्कर्ष निकाल निदान करते हैं। अतः दवाओं द्वारा उपचार आंशिक ही होता है। इसी कारण बहुत से व्यक्ति उपचार करवाने के बावजूद पुनः स्वस्थ नहीं होते, जबकि चन्द लोग बिना उपचार करवाए, प्राकृतिक नियमों का पालन कर स्वतः स्वस्थ हो जाते हैं। शरीर में रोग के अनुकूल दवा बनाने की क्षमता होती है और यदि उन क्षमताओं को बिना किसी बाह्य दवा के विकसित कर दिया जाए तो उपचार अधिक प्रभावशाली, स्थायी एवं भविष्य में पड़ने वाले दुष्प्रभावों से रहित होता है। हम देखते हैं कि जब किसी व्यक्ति की हड्डी अपना स्थान छोड़ देती है, तो डॉक्टर उसको ठीक स्थान पर पुनः स्थिर कर छोड़ देता है। जोड़ने का कार्य तो शरीर स्वयं ही करता है। शरीर अपने लिए आवश्यक रक्त का निर्माण स्वयं करता है। माँ के गर्भ में जब बच्चे का विकास होता है तो पूरे शरीर का निर्माण स्वयं शरीर के द्वारा ही होता है। दवा और चिकित्सक तो मार्गदर्शक अथवा सहायक की भूमिका निभा सकते हैं। अतः स्वस्थ रहने के लिए स्वयं की सजगता, भागीदारी, जीवनचर्या एवं गतिविधियों पर पूर्ण संयम, अनुशासन और नियन्त्रण आवश्यक है।

क्या मानव कभी चिन्तन करता है कि मनुष्य के अलावा अन्य चेतनाशील प्राणी अपने-आपको कैसे स्वस्थ रखते हैं? बहुत से रोगी बिना दवा लिये अपने आपको कैसे रोगमुक्त बना लेते हैं? इसका स्पष्ट मतलब है कि शरीर में स्वयं को स्वस्थ रखने की क्षमता होती है। चिकित्सा विज्ञान में इतने विकास के बावजूद रोग और रोगियों की संख्या में निरन्तर वृद्धि क्यों हो रही है? पीड़ा में राहत मिलना मात्र रोग का सम्पूर्ण उपचार नहीं होता। जिसका शरीर सहयोग करेगा, वही स्वस्थ होगा। स्वास्थ्य के प्रति स्वयं की सजगता व्यक्ति की पहली आवश्यकता है। यही सोच, स्वास्थ्य प्राप्त करने का मूलाधार है।

इस प्रकृति में हर रोग को ठीक करने की अद्भुत शक्ति है लेकिन आज हम प्रकृति से विमुख हो गए हैं और पाश्चात्य चिकित्सा की मृग मरीचिका में उलझ गए हैं। पाश्चात्य चिकित्सा प्रणाली के इस्तेमाल से हमें आराम तो मिल जाता है किन्तु रासायनिक दवाइयों का दुष्प्रभाव हमारा पीछा नहीं छोड़ता है; कोई दूसरी समस्या नए सिरे से अवश्य ही उभर आती है। मरीजों को रासायनिक दवाओं का सेवन करने पर हानि और लाभ दोनों ही का सामना करना पड़ता है। आज जरूरत इस बात की है कि हम प्राकृतिक द्रव्यों को पहचान कर उनका रोगों के उपचार में इस्तेमाल करें। खर्च भी कम और नुकसान भी कोई नहीं।

14

ओस्टियोपोरोसिस

ओस्टियोपोरोसिस यानी छिद्रित हड्डियाँ, हड्डियों की आम बीमारी है, जिसमें हड्डियों का द्रव्यमान (भार) घट जाता है तथा हड्डियों के ऊतकों का सरंचनात्मक क्षरण होने लगता है। परिणामस्वरूप हड्डियों में फ्रेक्चर होने की सम्भावना बढ़ जाती है तथा कूल्हों, रीढ़ तथा कलाई में फ्रेक्चर का जोखिम बढ़ जाता है। ओस्टियोपोरोसिस से महिला और पुरुष दोनों ही प्रभावित होते हैं।

ओस्टियोपोरोसिस को एक 'खामोश बीमारी' कहा जाता है, क्योंकि हड्डियों का नुकसान बिना किन्हीं लक्षणों के होता है। दो में से एक महिला तथा 4 में से एक पुरुष को अपने जीवनकाल में ओस्टियोपोरोसिस सम्बन्धी फ्रेक्चर होते हैं।

ओस्टियोपोरोसिस क्यों होता है?

मीनोपॉज के बाद महिलाओं में हड्डियों का नुकसान औसतन वर्ष में एक से दो प्रतिशत बढ़ता है। रजोनिवृत्ति के बाद एस्ट्रोजन (महिला हारमोन) स्तरों का तेजी से घटना इसका कारण होता है। शरीर की हड्डियाँ बनाए रखने वाली कोशिकाओं को क्रियाशील बनाए रखने में एस्ट्रोजन सहायक होता है और शरीर का ढाँचा संरक्षित रहता है।

ओस्टियोपोरोसिस के कारण

- धूम्रपान करना।
- अधिक मात्रा में शराब सेवन।
- व्यायाम न करना।
- भोजन में कैल्शियम की कमी होना।
- पाचन तन्त्र द्वारा पोषाहारों का ठीक प्रकार से अवशोषण न किया जाना।
- एस्ट्रोजन के निम्न स्तर (रजोनिवृत्ति के उपरान्त)

जाँच एवं निदान

ओस्टियोपोरोसिस का निदान रोगी का पारिवारिक इतिहास, शारीरिक परीक्षा, प्रयोगशाला अध्ययन तथा अस्थि खनिज घनत्व जाँच करने से हो सकता है। ओस्टियोपोरोसिस की स्क्रीनिंग जाँच का सर्वश्रेष्ठ तरीका डुअल एनर्जी एक्स-रे (डेक्सा स्कैन) है। इससे आपका चिकित्सक आपकी रीढ़, कूल्हे तथा कलाई की हड्डियों का मापन कर सकता है, क्योंकि ओस्टियोपोरोसिस का सबसे ज्यादा प्रभाव इन्हीं पर पड़ता है।

कैसे करें बचाव

ओस्टियोपोरोसिस का जल्दी पता चलने तथा समय पर उपचार शुरू कर दिए जाने से भविष्य में होने वाले फ्रेक्चर का जोखिम काफी घट जाता है। ओस्टियोपोरोसिस के लिए उपलब्ध कोई सा भी उपचार पूरा इलाज नहीं है। ओस्टियोपोरोसिस द्वारा कमजोर हुई हड्डी को पूर्णतया फिर से बना पाना कठिन काम है। इसलिए ओस्टियोपोरोसिस के उपचार में यह ज्यादा महत्वपूर्ण है कि बचाव ही किया जाए।

भोजन

- ओस्टियोपोरोसिस की रोकथाम या इसका उपचार करने के लिए सन्तुलित आहार में पर्याप्त कैलोरी, साथ ही कैल्शियम, विटामिन डी तथा प्रोटीन शामिल होने चाहिए। ये सब अस्थियों के उचित स्वरूप एवं घनत्व को बनाए रखने के लिए अत्यावश्यक हैं। कैल्शियम के प्रमुख स्रोतों में शामिल है दूध तथा अन्य डेयरी उत्पाद, चीज, दही, हरी सब्जियाँ जैसे पालक, गोभी।

- आप 4 गिलास स्किम दूध पीकर 1200 मिग्रा. कैल्शियम प्राप्त कर सकते हैं। पन्द्रह मिनट रोजाना धूप में रहने से आपकी जरूरत के लिए पर्याप्त विटामिन डी बनकर स्टोर हो जाता है।

व्यायाम

- प्रतिदिन अपनी सामर्थ्य के अनुसार व्यायाम अवश्य करें।
- हड्डी एक जीवित ऊतक है, जो व्यायाम से ताकतवर बनती है। हड्डियों पर जब वजन पड़ने की नौबत आती है, तो ये और ज्यादा मजबूत तथा सघन होती जाती है।

सावधानियाँ

- कुछेक प्रकार की गतिविधियाँ खतरनाक हो सकती हैं, क्योंकि इनसे आपकी रीढ़ पर खिंचाव पड़ सकता है इसलिए इनसे बचना चाहिए। जैसे आगे की ओर ज्यादा झुकना, मुड़ जाना, भारी वजन उठाने वाली या अधिक बल वाली गतिविधियाँ।
- अपने घर के बाथरूम और फर्श को अधिक चिकना न बनाएँ। बाथरूम का उपयोग करते समय सावधानी रखें, क्योंकि वृद्धावस्था में बाथरूम में फिसलने से फ्रेक्चर अधिक होने की घटनाएँ प्रायः होती रहती हैं।

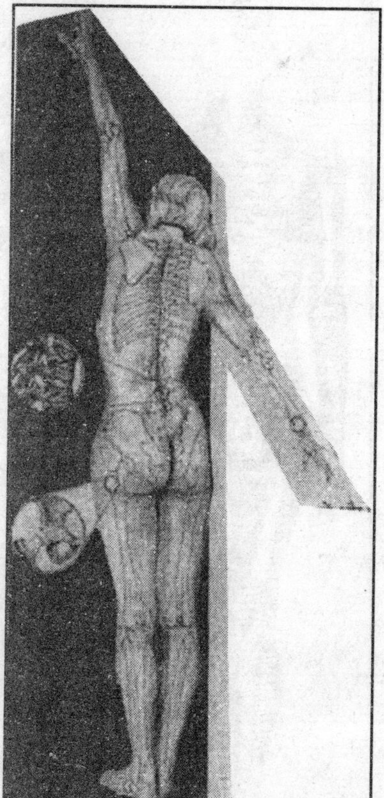

15

गलत जीवन का खामियाजा है : कमरदर्द

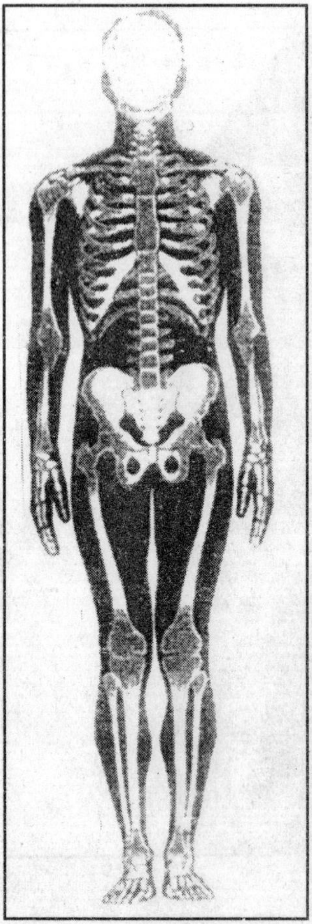

कमरदर्द सामान्य समस्या है। करीब 90 प्रतिशत व्यक्ति जीवन में कभी-न-कभी इस समस्या का सामना करते हैं। कुछ तो, विशेषकर महिलाएँ हमेशा ही कमरदर्द के कारण परेशान, बेचैन रहती हैं। कार्यक्षमता में कमी होने का कमरदर्द प्रमुख कारण है। कमरदर्द सभी आयु वर्ग में हो सकता हैं।

पीठ की कशेरुकाएँ आपस में तन्तुओं, मांसपेशियों से जुड़ी होती हैं, साथ ही दो कशेरुकाओं के मध्य में स्थान जिसको 'डिस्क' कहते हैं के सिरे पर मुलायम हड्डी (कार्टिलेज) के अन्दर मुलायम, चिकना द्रव जमा होता है, जो कि कशेरुकाओं को आपस में रगड़ने, क्षतिग्रस्त होने, झटकों से बचाता है। इन कशेरुकाओं के मध्य में सुरक्षित रूप से मेरुरज्जा मौजूद होती है, जो कि स्नायुओं के माध्यम से शरीर के विभिन्न अंगों की सम्वेदनाएँ, मस्तिष्क तक पहुँचाती हैं और वहाँ के निर्देश, आदेश शरीर के सभी अंगों तक पहुँचा कर, कार्यों पर नियन्त्रण करती हैं।

कमरदर्द के मुख्य कारण

- कमर पर ज्यादा जोर, खिंचाव पड़ने, ज्यादा उपयोग करने से तन्तुओं मांसपेशियों के क्षतिग्रस्त होने से खिंचाव, अकड़न, कमरदर्द हो सकता है। यदि कमर एक तरफ झुकी हो तो भी कमरदर्द हो सकता है।
- कशेरुकाओं की गद्दी क्षतिग्रस्त होने (स्पोन्डलाइटिस) या आर्थाइटिस भी कमरदर्द का सामान्य कारण होती है।
- यदि हड्डियाँ कमजोर हैं तो झटका लगने, दबाव पड़ने से हड्डियाँ चटक सकती है, टूट सकती हैं, जिसके कारण कमरदर्द हो सकता है।
- यदि आर्थाराइटिस के कारण कशेरुकाओं में छिद्र सँकरे हो जाते हैं तो उनसे निकलने वाली स्नायुओं पर दबाव पड़ता है, जिसके कारण कमरदर्द हो सकता है, दर्द जाँघों, पैरों तक फैल सकता है। साथ ही पैरों में झुनझुनाहट, सम्वेदनशून्यता हो सकती है, मांसपेशियों में कमजोरी हो सकती है।
- कभी-कभी कशेरुकाओं में कैंसर, टी.बी., संक्रमण होने, गुर्दों के रोगों के कारण, महिलाओं में प्रजनन अंग संक्रमण आदि के कारण भी कमरदर्द हो सकता है।
- कमरदर्द अचानक कुछ दिनों के लिए हो सकता है या हल्का या तेजदर्द लम्बे समय तक बना रहता है।

समाधान

इन मरीजों को कुछ सप्ताह तक आराम करना चाहिए। लेटने पर, आराम करते समय कूल्हे-टखने को मोड़ें जिससे खिसकी गद्दी अपने स्थान पर आ जाए, स्नायु पर दबाव कम हो जाए। दर्द से राहत पाने के लिए दर्द निवारक दवाइयों का सेवन करना चाहिए। धीरे-धीरे कार्य करना शुरू करें। कशेरुकाओं को सहारा देने के लिए बेल्ट (कमर की पेटी) का प्रयोग करना चाहिए। दर्द से राहत मिलने पर चिकित्सक के निर्देशानुसार खिंचाव वाले व्यायाम करने चाहिए।

कई मरीजों में कार्टिसोन के इंजेक्शन, कशेरुकाओं में लगवाने से दर्द से लम्बे समय तक राहत मिलती है। मांसपेशियों को शक्तिशाली बनाने वाले व्यायाम भी करें। कार्यक्षमता के अनुसार ही कार्य करें। यदि दर्द से राहत नहीं

मिलती, मांसपेशियों में कमजोरी आ रही है तो इनके मेरूदण्ड को शल्य चिकित्सा द्वारा सुधारा जा सकता है, पर ऑपरेशन अन्तिम उपाय के तौर पर ही करना उचित है।

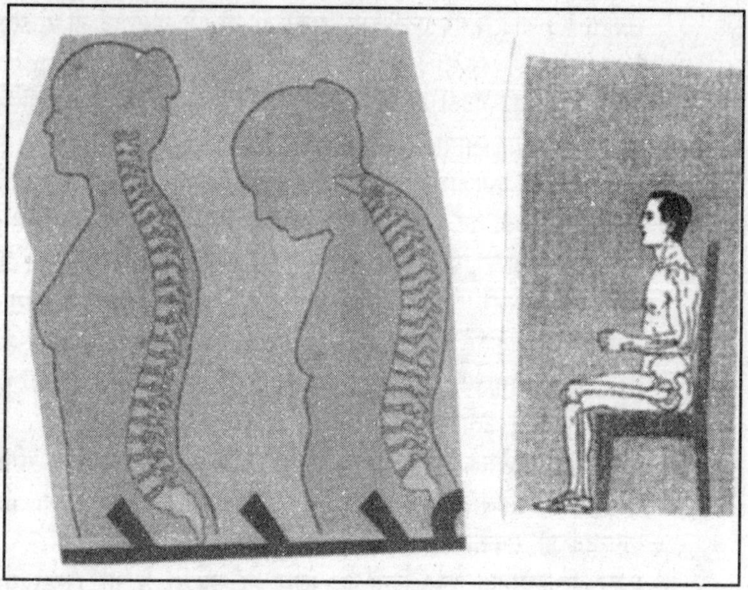

बचाव

मांसपेशियों, तन्तुओं, हड्डियों को मजबूत बनाने के लिए सक्रिय रहें, नियमित व्यायाम करें। सही मुद्रा में कार्य करें, सही मुद्रा में सोएँ। कार्य करते समय कमर सीधी होनी चाहिए। बिस्तर समतल होना चाहिए, डनलप के गद्दें पर न सोएँ। तकिया पतला (1-2 इंच मोटाई) का इस्तेमाल करें।

हड्डियों को मजबूत बनाए रखने के लिए नियमित व्यायाम करें तथा पर्याप्त मात्रा में सन्तुलित भोजन का सेवन करें। वजन नियन्त्रित रखें। भोजन में पर्याप्त मात्रा में कैल्शियम, विटामिन डी मौजूद होना चाहिए। कैल्शियम की आपूर्ति के लिए 200-300 मिलीलीटर दूध या दुग्ध पदार्थों का सेवन करें। विटामिन डी की आपूर्ति के लिए दिन में 15-20 मिनट धूप में अवश्य टहलें जिससे सूर्य की पराबैंगनी (अल्ट्रावायलेट) किरणों के प्रभाव से त्वचा में विटामिन डी का निर्माण हो सके। कमर पर क्षमता से ज्यादा जोर न डालें। तनाव मुक्त रहें, सिगरेट, तम्बाकू का सेवन न करें।

कभी-कभी कमरदर्द गम्भीर रोगों के कारण भी हो सकता है। यदि स्वयं के प्रयासों से राहत नहीं मिलती तो डॉक्टर से परामर्श लें, परीक्षण और जाँचों के द्वारा कमर दर्द के कारणों का पता लगवा कर समुचित उपचार करवाएँ जिससे दर्द से राहत मिले एवं इसके गम्भीर परिणाम से बचा जा सके।

सीधे बैठने की आदत डालें

सम्पूर्ण जगत में मात्र मनुष्य ही एक ऐसा प्राणी है जो सीधा खड़ा होकर चल सकता है। हमारी रीढ़ इस प्रकार से अवस्थित है कि हम सीधे खड़े होकर चल सकते हैं। हमारी सम्पूर्ण शारीरिक क्षमता हमारी रीढ़ पर निर्भर करती है। सीधे खड़े होने से या तन कर खड़े होने से हमारी शारीरिक, मानसिक एवं आध्यात्मिक उन्नति सम्भव है।

रीढ़ को सीधे रखने से मानसिक दृढ़ता बनी रहती है। झुकी हुई गरदन बुढ़ापे में रुग्णता का द्योतक है। इसके विपरीत सीधी तनी हुई रीढ़ सजीवता, सचेतनता, सजगता, उत्तम स्वास्थ्य एवं सकारात्मक विचारों को प्रदर्शित करती है। झुकी हुई गरदन इस बात का स्पष्ट संकेत देती है कि व्यक्ति में मानसिक एवं शारीरिक दृढ़ता का अभाव है।

सिर ऊँचा करने से विचारों में आश्चर्यजनक परिवर्तन आते हैं। आत्मविश्वास में वृद्धि होती है। कार्य सफलता एवं आत्मविश्वास में परस्पर सीधा सम्बन्ध तो है ही परन्तु इसके साथ जिस तीव्रता से हमारी विचार शक्ति प्रभावित होती है वह हमें दृष्टिगोचर नहीं होती है। सफलता से सकारात्मक विचार उत्पन्न होते हैं और इससे हमारा व्यक्तित्व प्रभावित होता है। मस्तिष्क के विचार केन्द्र में सजगता आती है। विचार केन्द्र सजग और सक्रिय होंगे फलस्वरूप विचार सकारात्मक होंगे। विचारों में रचनात्मकता होगी। मनोवैज्ञानिक दृष्टि से मेरुदण्ड सीधा रखने से मस्तिष्क में उपस्थित रसायनों की मात्रा में परिवर्तन आता है। इस कारण से स्नायु संस्थान, नाड़ी संस्थान और तन्त्रिका तन्त्र एवं अन्य अवयव अपना कार्य बड़ी कुशलता से निष्पादित करते हुए सक्रिय रहते हैं।

महर्षियों और योगाचार्यों ने योगासनों में रीढ़ को सर्वाधिक महत्व दिया है। रीढ़ को सशक्त लचीला बनाए रखने से स्थिर यौवन, दीर्घायु, उत्तम स्वास्थ्य एवं यश मिलता है। हमारी रीढ़ में अनन्त शक्तियाँ विद्यमान है। इड़ा और सुषुम्ना आदि नाड़ियाँ भी मेरुदण्ड का ही भाग हैं।

रीढ़ में स्नायु-प्रणाली का एक ऐसा जाल बिछा हुआ है जो हमारे शरीर के सम्पूर्ण भाग में पहुँच कर उन्हें सजग और प्राणवान बनाए रखता है। इसी स्नायु तन्त्र के द्वारा अनेक महत्वपूर्ण क्रियाएँ सम्पन्न होती हैं। यही कारण है कि सुदृढ़ मेरुदण्ड उत्तम स्वास्थ्य तो प्रदान करता ही है हमें ऊर्जावान भी बनाए रखता है।

जिन लोगों को बैठकर करने का कार्य अधिक होता है उन्हें पाचन संस्थान सम्बन्धी समस्याएँ अधिक होती हैं। ऐसे लोगों को मेरुदण्ड को सशक्त बनाने का प्रयास आरम्भ कर देना चाहिए।

16

मोतियाबिन्द : उपचार सम्भव

मोतियाबिन्द (सफेद मोतिया) एक ऐसा विकार है, जो आँख के पारदर्शी लैंस पर प्रभाव डालता है। इसमें पारदर्शी लेंस धुंधला हो जाता है तथा दूर और नजदीक की वस्तुओं को देखने की क्षमता खो देता है।

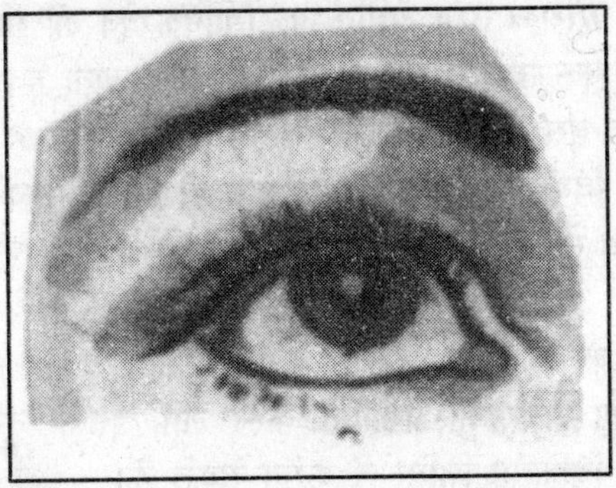

मोतियाबिन्द के लक्षण

1. बिना किसी दर्द के दृष्टि का धीरे-धीरे कम होना।
2. साफ देखने के लिए अधिक रोशनी की आवश्यकता होना।
3. बार-बार चश्मे का नम्बर बिना किसी विशेष सुधार के बदलना।
4. रोशनी के चारों ओर रंगीन गोल नजर आना, रात में ड्राइविंग में परेशानी।
5. लेंस की बढ़ती हुई अपारदर्शिता के कारण दूर की नजर कम होना।
6. कुछ व्यक्तियों में एक अवस्था ऐसी आती है जब बिना चश्मे के आसानी से देखा जा सकता है।
7. वस्तुओं का दो या अधिक संख्या में नजर आना (जैसे रात को आकाश में एक के बदले बहुत से चन्द्रमाओं का नजर आना।)
8. पुतली का सफेद या मटमैली नजर आना।

मोतियाबिन्द का निवारण

मोतियाबिन्द को रोकने का कोई उपाय नहीं है, फिर भी कुछ सावधानियाँ बरत कर इसे जल्दी होने से रोक सकते हैं, उदाहरणतः पराबैंगनी किरणों से बच कर या सूर्य की किरणों के सीधे सम्पर्क में न आकर, चोट से बचाव तथा फल व सब्जियों के सेवन से। एक बार मोतियाबिन्द हो जाने पर उसे शल्य चिकित्सा द्वारा ही दूर किया जा सकता है। नेत्रों की कोई गम्भीर बीमारी न हो तो कुशल नेत्र चिकित्सक द्वारा किया गया मोतियाबिन्द का ऑपरेशन 99 प्रतिशत मरीजों को अच्छी दृष्टि दे सकता है।

मोतियाबिन्द के ऑपरेशन के लिए नई-नई तकनीकें विकसित हुई हैं।

अभी प्रचलित लेजर द्वारा की जाने वाली फेकाइमल्सीफिकेशन कैटॅरेक्ट सर्जरी में कैटॅरेक्ट लेंस को पराश्रव्य तरंग अर्थात अल्ट्रासोनिक वेव की सहायता से महीन टुकड़ों में तोड़कर एक छोटे से छेद से बाहर निकाला जाता है। इसके बाद इस छेद में से फोल्डेबल लेंस यानी मुड़ने वाला लेंस डाल दिया जाता है। यह लेंस आँख में सही जगह पर स्वयं खुल जाता है और साथ ही छेद भी अपने आप बन्द हो जाता है। इस विधि से ऑपरेशन करने वाले नेत्र विशेषज्ञ तो काफी अनुभवी होना चाहिए।

मोतियाबिन्द के पकने का इन्तजार करने की आवश्यकता नहीं है, जैसे ही मोतियाबिन्द जीवन शैली को प्रभावित करने लगे, इसका तुरन्त ही इलाज अस्पताल या नेत्र चिकित्सा शिविर में करवा सकते हैं।

ऑपरेशन क्यों करवाएँ?

1. मोतियाबिन्द के ज्यादा पकने से काला मोतिया होने की सम्भावना रहती है।
2. चौंध आना, दूर और नजदीक की चीजें साफ दिखाई न देना, आदि तकलीफें दूर करने के लिए।
3. रेटिना की बीमारियों की जाँच और इलाज के लिए।

17

मधुमेह के साथ जीने की कला

मधुमेह है क्या?

मधुमेह शरीर की रस-क्रिया प्रणाली का रोग है। इसमें हमारे खून में शर्करा (शुगर) की मात्रा हर समय बढ़ी रहती है, फिर भी शरीर ठीक से उसका इस्तेमाल नहीं कर पाता। किन्तु ऐसा क्यों होता है? यह समझने के लिए हमें शरीर की जैव-रासायनिकी पर नजर डालनी होगी। जैव-रासायनिकी नजरिए से देखें तो हमारे भोजन का बहुत बड़ा अंश कार्बोहाइड्रेट से बना होता है। कार्बोहाइड्रेट शर्करा का ही संयुक्त रूप हैं। आँतों में पाचन क्रिया से गुजर कर कार्बोहाइड्रेट, ग्लूकोज और उस जैसी दूसरी सरल शर्करा में बदल जाते हैं। शर्करा के ये अणु आँतों से खून में जज्ब हो जाते हैं और धमनियों से शरीर के हर हिस्से में पहुँच जाते हैं।

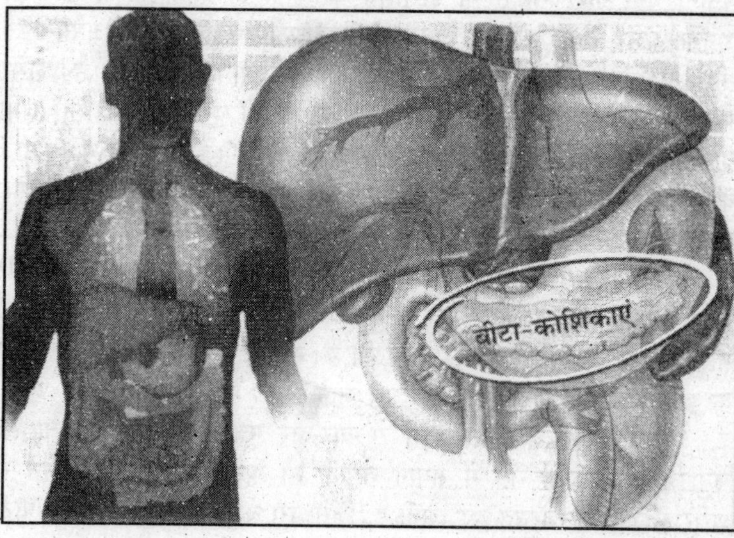

हमारी धमनियों में दौड़ रहे रक्त में ग्लूकोज दौरा करता रहता है। यह शरीर की अन्तस्रावी प्रणाली (एंडोक्राइन सिस्टम) की जिम्मेदारी है कि वह खून में ग्लूकोज की मात्रा को हर समय संयम में रखती है। पाचन क्रिया पूरी होने पर जब ग्लूकोज भारी मात्रा में आँतों से धमनियों में पहुँचता है, तब भी वह इसे एक सीमा के पार नहीं जाने देती।

यह काम इन्सुलिन नामक हारमोन करता है, जिसका निर्माण उदर में स्थित अग्न्याशय (पैंक्रियाज) ग्रन्थि में होता है। जैसे ही खून में ग्लूकोज बढ़ता है, अग्न्याशय से इन्सुलिन छूट पड़ती है। यह इन्सुलिन ग्लूकोज को शरीर की कोशिकाओं के भीतर भेज देती है। फिर भी खून में यदि अतिरिक्त ग्लूकोज रह जाता है तो इन्सुलिन उसे ग्लाइकोजन में तब्दील कर देती है। यह ग्लाइकोजन आड़े वक्त के लिए हमारे जिगर और पेशियों में सुरक्षित रहता है। कभी हम इच्छा-अनिच्छा से उपवास करते हैं और खून में ग्लूकोज की मात्रा घट जाती है, तब यह ग्लाइकोजन दुबारा ग्लूकोज में बदल कर हमारे काम आता है।

ग्लूकोज ही हमारे शरीर का ईंधन है। यह हमारी जीवन-अग्नि को प्रज्वलित रखता है। शरीर की कोशिकाएँ खून में घुले-मिले ग्लूकोज और ऑक्सीजन को ग्रहण करके ही काम करने की शक्ति पाती हैं। मधुमेह में यह समूची व्यवस्था चरमरा जाती है। इसमें या तो अग्न्याशय इन्सुलिन बनाना बन्द कर देता है या इन्सुलिन की कमी हो जाती है या फिर वह अपना असर गँवा देती है। नतीजतन कोशिकाएँ ग्लूकोज को आसानी से ग्रहण नहीं कर पातीं और रक्त में ग्लूकोज की मात्रा बढ़ जाती है। शरीर ग्लूकोज के लिए तरस रही कोशिकाओं की बेचैनी दूर करने के लिए जमा प्रोटीन और वसा से ग्लूकोज बनाना शुरू कर देता है। इससे रक्त में ग्लूकोज की मात्रा और बढ़ जाती है और शरीर की पूरी जैव-रासायनिकी ही बिगड़ जाती है।

ऐसे में खून साफ होने के लिए गुर्दों में पहुँचता है, तो गुर्दे ग्लूकोज को शरीर में नहीं रोक पाते। ग्लूकोज मूत्र में घुलकर नष्ट होने लगता है। ग्लूकोज की मौजूदगी मूत्र की कुल मात्रा को बढ़ा देती है। मूत्र में न सिर्फ पानी, बल्कि शरीर के खनिज और इलेक्ट्रोलाइट भी व्यर्थ जाने लगते हैं।

मूत्र में जल की मात्रा बढ़ने से बार-बार मूत्र त्याग करना पड़ता है। लघुशंका की हाजत रात में सताने लगती है। बार-बार मूत्र त्याग करने से शरीर में जल की जरूरत बढ़ जाती है, जिसे पूरा करने के लिए बार-बार पानी

पीना पड़ता है। बार-बार लघुशंका जाना और प्यास लगना मधुमेह के दो प्रमुख लक्षण हैं।

अधिक प्रचंड मधुमेह में ठीक इलाज न मिलने पर शरीर गलने गलता है। शरीर के प्रोटीन और वसीय भंडार ग्लूकोज में बदल कर खत्म होते जाते हैं, देह दुर्बल होती जाती है और पेशियाँ सूख कर काँटा हो जाती हैं। बड़ी मात्रा में प्रोटीन और वसा के अस्वाभाविक रूप से टूटने से शरीर में नुकसानदेह रसायन पैदा हो जाते हैं और शरीर की अम्लीयता भी बढ़ जाती है। इसमें तुरन्त अस्पताल में भर्ती होकर उपचार कराने की जरूरत होती है।

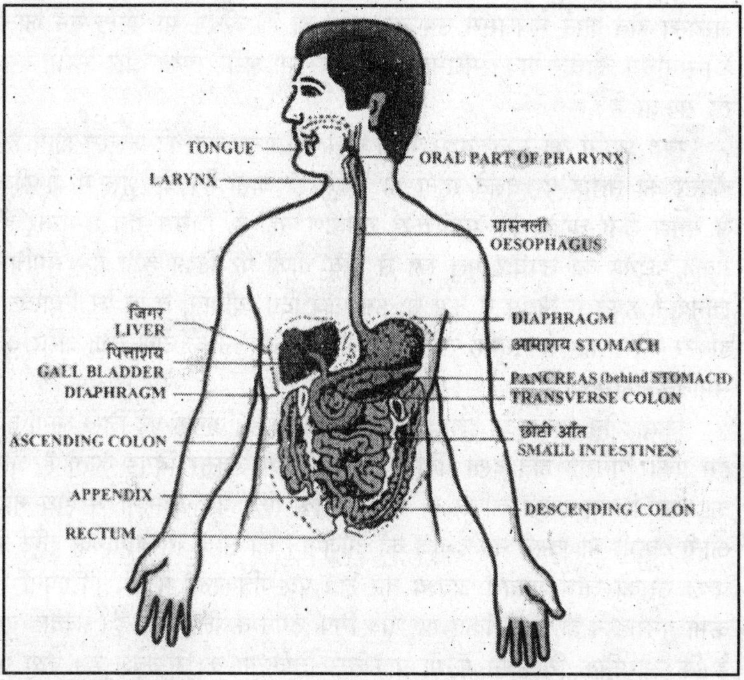

मधुमेह क्यों और कैसे?

मधुमेह की कलई खोलने के लिए चिकित्सा-वैज्ञानिक बहुत समय से प्रयत्नशील हैं। यह रोग कैसे जन्म लेता है? इसमें इन्सुलिन का बनना क्यों बन्द अथवा कम हो जाता है? इन्सुलिन क्यों अपना असर गँवा देती है? ऐसे अनेक सवालों का हल ढूँढने के लिए वैज्ञानिक निरन्तर शोध कर रहे हैं। अब तक के अनुसन्धान कार्य से यही मालूम हुआ है कि डायबिटीज की जड़ें बहुपक्षीय हैं।

उपचार की राह

अब तक ऐसी कोई दवा नहीं खोजी जा सकी है जिससे मधुमेह को जड़ से दूर किया जा सकता हो। हाँ, खानपान में सुधार, व्यायाम और उपयुक्त दवा से इसे वश में किया जा सकता है। यह सोच लेना कि रोग असाध्य है और पूरी उम्र भला कौन इसका इलाज कराता फिरेगा, आत्मघाती होता है। इससे अनावश्यक ही जीवन का बचा-खुचा सुख भी मिट जाता है। शर्करा पर नियन्त्रण न रखा जाए, तो कुछ समंय बाद यह शरीर के महत्वपूर्ण अंगों पर बुरा असर डालने लगती है। इसके दुष्प्रभाव से हृदय और धमनियाँ, आँखे, गुर्दे तथा स्नायुतन्त्र अस्वस्थ होते जाते हैं जिससे उम्र तो घटती ही है; जीवन भी पहाड़ बन जाता है। समुचित उपचार पाकर मधुमेह के होने पर भी शरीर स्वस्थ और निरोग बना रह सकता है।

रक्त शर्करा को सन्तुलन में रखने के लिए अनुशासन की जरूरत होती है। डॉक्टर की सलाह पर चलते रहना भी जरूरी हो जाता है। यह शुरू में ही ठीक से समझ लेना चाहिए कि ऐसा कोई रामबाण नहीं हैं, जिससे रोग छू-मन्तर हो सके। मधुमेह का उपचार मूल रूप से पाँच चीजों पर टिका हुआ है– समुचित खानपान, हफ्ते में नियम से कम से कम पाँच दिन व्यायाम, वजन पर नियन्त्रण, डॉक्टर की सलाह से मधुमेह रोधी गोलियाँ या इन्सुलिन के टीके तथा शरीर की समुचित देखरेख।

किसी नीम-हकीम का इलाज आजमाना गलत है। अनेक पढ़े-लिखे लोगों को इस प्रकार गुमराह होते देखा गया है। ऐसे में रोग अक्सर बिगड़ जाता है और कई बार स्थिति इतनी जटिल हो जाती है कि फिर यह आसानी से हाथ नहीं आती। कभी भी किसी नए इलाज को आजमाने की सोचें, तो वैज्ञानिक दृष्टि से पहले उसकी जाँच-पड़ताल अवश्य कर लें। पत्र-पत्रिकाओं में छपे विज्ञापनों से कभी गुमराह न हों, इनमें किए गए दावे सिर्फ ठगने के लिए होते हैं। सच्चाई यह है कि आधुनिक चिकित्सा में भी प्राकृतिक चिकित्सा का समावेश है। पथ्य के सिद्धान्त वैज्ञानिक सोच में ढले हों तो उनका अनुसरण करने से अवश्य लाभ पहुँचता है।

सामान्य स्वस्थ व्यक्तियों में मधुमेह के लिए जाँच कब-कब

45 साल की उम्र से अधिक के वयस्क व्यक्तियों में विशेषकर जिनका बेजल मेंटाबॉलिक इंडेक्स (बीएमआई) 25 से अधिक हो। यदि रक्त शर्करा सामान्य

आए तब भी हर तीन साल बाद खाली पेट (फास्टिंग) और खाना खाने के दो घण्टे बाद की (पीपी) रक्त शर्करा की जाँच कराते रहें।

मधुमेह से बचे रहने के लिए जरूरी उपाय

सन्तुलित भोजन–कैलोरी जरूरत के मुताबिक ही लें। वसा सीमित मात्रा में लें। कुल कैलोरी का 10 प्रतिशत से कम हिस्सा संतृप्त वसा हो यानी जंक फूड और फास्ट फूड को तिलांजलि दे दें। घी और मक्खन सीमित मात्रा में प्रयोग करें। खाना पकाने के लिए असंतृप्त वसा वाले तेल जैसे– सूरजमुखी, करडी, मकई, सरसों और मूँगफली के तेल रला-मिला कर इस्तेमाल करें। अधिक मात्रा में प्राकृतिक रेशेदार चीजों का सेवन करें।

नियमित व्यायाम– हफ्ते में कम से कम 150 मिनट व्यायाम करें। चुस्त गति से की गई सैर, तैराकी, साइक्लिंग और बैडमिंटन या टेनिस जैसा कोई खेल इसकी पूर्ति कर सकता है।

सन्तुलित वजन– यदि वजन सामान्य से अधिक है, तो वजन में 5 प्रतिशत की भी कमी मधुमेह का जोखिम घटाने में सहायक है। चुस्त-दुरुस्त जीवनशैली अपनाएँ और वजन सन्तुलित रखें।

18

उच्च रक्तदाब

उच्च रक्तदाब लोगों में आम समस्या है। उम्र बढ़ने के साथ ही उच्च रक्तदाब का खतरा बढ़ता जाता है। रक्तदाब को लेकर ज्यादातर मरीज लापरवाह रहते हैं और लम्बे समय तक उच्च रक्तदाब रहने के कारण गम्भीर, घातक रोगों से ग्रसित होने पर डॉक्टर के पास पहुँचते हैं।

रक्तदाब क्या है?

दिल की धड़कन से हमारे शरीर का पाँच लीटर खून धमनियों में यात्रा करते हुए हर मिनट समूचे शरीर की परिक्रमा लगा आता है। इसी से शरीर की हर कोशिका को जीवन शक्ति मिलती है और हमारा जीवन गतिमान रहता है। दिल बहुत वेग के साथ धमनियों में खून पम्प करता है। उसकी प्रत्येक धड़कन के साथ धमनियों में रक्त की जैसे एक लहर आगे बढ़ जाती है। इस लहर का अपना एक दाब होता है। यह दाब हर धड़कन के साथ बढ़ता है और घटता है। धमनियों पर पड़ने वाला यह रक्तदाब ही ब्लड प्रेशर (बी.पी.) कहलाता है। यह सामान्य रूप से एक सीमा में रहता है और इसे हम नाप सकते हैं। जिस समय दिल सिकुड़ता है और खून को महाधमनी में पम्प करता है, उस समय धमनियों पर पड़ने वाला दाब अपने शिखर पर होता है। प्रत्येक धड़कन के बाद दिल कुछ मिली सैकण्ड के लिए सुस्ताता है, उस

समय रक्तदाब घटकर अपने न्यूनतम स्तर पर पहुँच जाता है। स्वस्थ रहने के लिए जरूरी है कि दोनों ही दाब सामान्य सीमा में रहें।

सामान्य-असामान्य की सीमाएँ

हमारा रक्तदाब हर समय एक जैसा नहीं रहता। यह सुबह-शाम, सोते-जागते, जीवन की विभिन्न गतिविधियों को पूरा करते हुए अपने से घटता-बढ़ता रहता है। लेकिन जब रोग होता है, तब यह दाब लगातार बढ़ा रहता है। यह दाब किसी स्वस्थ व्यक्ति में सामान्य रूप से किस स्तर पर होना चाहिए इसके निश्चित मापदण्ड है।

18 वर्ष और उससे अधिक उम्र के लोगों में रक्तदाब की सामान्य-असामान्य सीमाएँ

स्थिति	उच्च रक्तदाब (एम.एम. में)	न्यून रक्तदाब (एम.एम. में)	उसका महत्व
सामान्य	120 से कम	80 से कम	स्वस्थ सीमा में
रोग प्रेरक	120-139	80-89	सावधान! स्वस्थ जीवनशैली अपनाकर संयत करें।
उच्च रक्तदाब			
प्रथम अवस्था	140-159	90-99	जीवनशैली में सुधार, साथ ही दवा लेना आवश्यक है।
दूसरी अवस्था	160 से अधिक	100 या अधिक	गम्भीर स्थिति, बी.पी. रोधक दवाएँ लेनी पड़ेंगी।

रक्तदाब बढ़ने के लक्षण

रक्तदाब बढ़ने पर शुरू में उसके कोई लक्षण दिखाई नहीं देते। सिरदर्द, चक्कर, घुमेरी, धड़कन, थकान, और खिन्नता होने पर डॉक्टर से परामर्श के लिए जाने पर पता लगता है कि रक्तदाब बढ़ा हुआ है। इस रोग को साइलेंट किलर की उपमा से सुशोभित किया जाता है क्योंकि जटिलताएँ बढ़ने पर नक्सीर फूटना, साँस फूलना, दृष्टि धुंधली होना, गुर्दे का काम करना बन्द होना, दिल का दौरा पड़ना, पक्षाघात होना आदि प्रभाव दिखाई देते हैं।

बी.पी. बढ़े रहने के दुष्परिणाम

- दिल को धमनियों में रक्त पम्प करने के लिए अधिक जोर लगाना पड़ता है। दिल की पेशियों के बढ़ने से दिल पर बुरा असर पड़ता है। उसकी ग्लूकोज और ऑक्सीजन की माँग बढ़ जाती है, किन्तु कोरोनरी धमनियाँ यह माँग पूरी नहीं कर पातीं। अतः उच्च रक्तदाब होने पर एंजाइना और दिल का दौरा होने का जोखिम बढ़ जाता है।
- निरन्तर अधिक दाब बने रहने से धमनियों का लचीलापन भी नष्ट हो जाता है। वे पत्थर जैसी सख्त हो जाती है। खून के बहने में प्रतिरोध का सामना करना पड़ता है। धमनियों के भीतर चर्बी जमने की प्रक्रिया भी तेज हो जाती है।
- रक्तदाब बढ़े रहने से मस्तिष्क की धमनियों में भी परिवर्तन आने लगते हैं। उनमें छोटे-छोटे फफोले उठ सकते है। उनके फटने से मस्तिष्क के भीतर रक्त स्राव (ब्रेन हेमरेज) होने का खतरा है।
- दृष्टि पटल (रेटिना) की लघु रक्त वाहिकाएँ भी रक्तदाब के बढ़े रहने से बच नहीं पातीं।
- रक्तदाब बढ़ने का गुर्दों पर भी बुरा असर पड़ता है। गुर्दों की खून छानने वाली इकाइयों, उनकी और खून लाने और उनसे साफ हुआ खून ले जानी वाली धमनियों पर गम्भीर असर पड़ता है।

उच्च रक्तदाब के होने में हमारी जीवनशैली प्रमुख रूप से दोषी है। यद्यपि प्राथमिक उच्च रक्तदाब का मूल कारण आज भी शरीर में रहस्यमयी है। लेकिन उसके सूत्र हमारी जीवनशैली के ही हिस्से है। मोटापा, असन्तुलित आहार, शारीरिक निष्क्रियता और तनाव इसके प्रमुख अंश हैं जिनसे मुक्त होकर रक्तदाब संयम में रखा जा सकता है।

मोटापा

वजन बढ़ने से उच्च रक्तदाब होने की आशंका बढ़ जाती है। मोटापा होने से दिल पर बोझ बढ़ जाता है। शरीर का क्षेत्रफल बढ़ जाने से उसे अधिक बड़े क्षेत्र में खून पम्प करना पड़ता है। इसके लिए उसे अधिक जोर लगाना पड़ता है। दूसरा, कोलेस्ट्रोल जमने से धमनियाँ भी सिकुड़ जाती हैं। वजन घटाकर रक्तदाब पर अंकुश लगाया जा सकता है।

आहार में नमक–भोजन में अधिक नमक भी विष के समान है। अधिकांश लोगों के भोजन में नमक जरूरत से बहुत अधिक है। इसका उनके रक्तदाब

पर प्रतिकूल प्रभाव पड़ता है। दिन में 6 ग्राम से अधिक नमक लेने से रक्तदाब बढ़ जाता है। बुजुर्ग लोगों में नमक व रक्तदाब का सम्बन्ध और भी मजबूत होता है।

शारीरिक निष्क्रियता–कोई जितनी कम मेहनत करता है, उसके रक्तदाब के बढ़ने का जोखिम उतना ही बढ़ जाता है। नित्य व्यायाम से कई लाभ मिलते हैं : रक्त संचार बेहतर हो जाता है, वजन कम होता है, मानसिक तनाव से छुटकारा मिलता है, इन्सुलिन की कार्यक्षमता बेहतर बनती है, शरीर की जैव-रासायनिकी सुधरती है और रक्तदाब में भी सुधार आता है।

रक्त-संबंधियों में उच्च रक्तदाब–माता-पिता, भाई-बहन को उच्च रक्तदाब हो तो परिवार के दूसरे सदस्यों को भी उच्च रक्तदाब होने की आशंका निश्चित तौर पर बढ़ जाती है।

उम्र–उम्र बढ़ने के साथ ही उच्च रक्तदाब का जोखिम बढ़ता जाता है। जीवन में 40 वसन्त देख लेने के बाद रोग के प्रति अधिक सजग होने की विशेष आवश्यकता होती है।

बचाव की राह पर–स्वस्थ जीवनशैली ही उच्च रक्तदाब से बचाव का सरल मार्ग है। यह राह बचपन से ही अपना लेने में हित है। कोई जीवन में शुरू से ही खानपान, व्यायाम और वजन के प्रति अनुशासित रहे तो वह उच्च रक्तदाब से बच सकता है। इसका दूसरा सुफल यह है कि उसके डायबिटिक होने का खतरा भी 50-60 प्रतिशत घट जाता है।

सन्तुलित भोजन–कैलोरी जरूरत के मुताबिक लें। वसा सीमित मात्रा में लें। कुल कैलोरी का 10 प्रतिशत से कम हिस्सा संतृप्त वसा का हो। यानी जंक फूड और फास्ट फूड को तिलांजलि दे दें। घी और मक्खन सीमित मात्रा में प्रयोग करें। खाना पकाने के लिए असंतृप्त वसा वाले तेल जैसे– सूरजमुखी, करडी, मकई, सरसों और मूँगफली के तेल रला-मिला कर इस्तेमाल करें। अधिक मात्रा में प्राकृतिक रेशेदार चीजों का सेवन करें।

नियमित व्यायाम–हफ्ते में कम से कम 150 मिनट व्यायाम करें। चुस्त गति से की गई सैर, तैराकी, साइकलिंग और बैडमिंटन या टेनिस जैसा कोई खेल इसकी पूर्ति कर सकता है।

सन्तुलित वजन–यदि वजन सामान्य से अधिक है, तो वजन में 10 प्रतिशत की कटौती कर लेने से भी उच्च रक्तदाब का जोखिम काफी हद तक घट जाता है। चुस्त-दुरुस्त जीवनशैली और सन्तुलित वजन स्वस्थ जीवन के सबसे बड़े सखा हैं।

उपचार के लिए अनेक दवाइयाँ उपलब्ध हैं पर अभी तक यह नहीं मालूम की कौन सी दवा श्रेष्ठ है। दवाओं का निर्धारण, रक्तचाप के स्तर और अन्य रोगों की उपस्थिति के आधार पर किया जाता है।

19

दिल की बातें

हमारा शरीर प्रकृति की सबसे शानदार, जटिल और व्यवस्थित संरचना है। इसके हर अंग का अपना कार्य और महत्व है। हृदय को बहुत प्रमुख एवं विशिष्ट अंग माना जाता है।

हृदय एक खोखला, संकुचनशील, सेब के आकार का अंग है, जो दोनों फेफड़ों के बीच कुछ बाँईं ओर, थोड़ा तिरछापन लिये स्थित होता है। इसका वजन पुरुषों में 240 ग्राम से 380 ग्राम व स्त्रियों में 220 से 280 ग्राम तक होता है। हृदय के बीच में एक खड़ी व एक आड़ी, पतली दीवार या पर्दा होता है जिन्हें सेप्टम कहते हैं। सेप्टम के जरिए हृदय चार कोष्ठ चैम्बर्स में विभाजित होता है। हृदय के बाएँ भाग और दाएँ भाग के बीच एक-एक वॉल्व स्थित होता है। हृदय एक सक्शन पम्प की तरह है, जिसका मुख्य कार्य पूरे शरीर को शुद्ध रक्त पहुँचाना है। शुद्ध रक्त के जरिए ही अंगों को ऑक्सीजन मिलती है। इसलिए रक्त का निर्बाध प्रवाह जरूरी है। स्वस्थ व्यक्ति का हृदय एक मिनट में 72 से 75 बार स्पन्दन करता है।

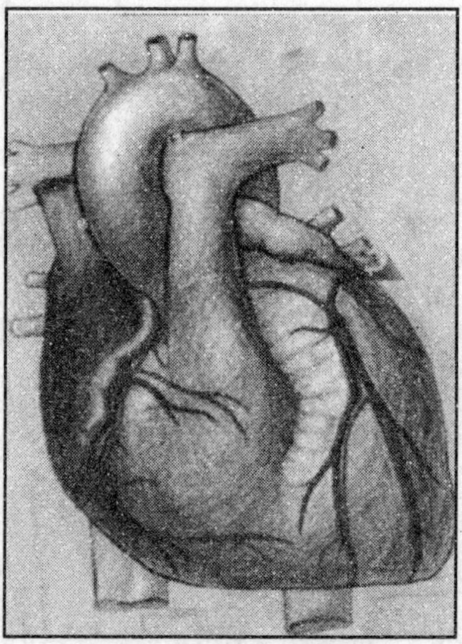

ख्याल रखें बुजुर्गों का

उम्र का दिल की बीमारी से सीधा ताल्लुक है। 45 से अधिक उम्र के लोगों को हृदय रोगों की आशंका अधिक रहती है। मधुमेह और उच्च

रक्तचाप के मरीजों के लिए भी यह खतरा ज्यादा रहता है। कभी-कभी चलने-फिरने या ज्यादा शारीरिक श्रम में सीने में दर्द उठता है, जो आराम करते ही अपने आप खत्म हो जाता है। इसे एन्जाइना कहा जाता है। सीने में दर्द हृदयाघात के वक्त भी होता है पर यह दर्द काफी तेज होता है। साथ में पसीना आता है और साँस भी फूल सकती है। ऐसे लक्षण दिखने पर मरीज को स्थिर व चित लेटाकर तुरन्त अस्पताल पहुँचाना चाहिए।

दिल का दौरा क्यों पड़ता है?

अध्ययनों में पाया गया है कि 90 फीसदी मामलों में संकरी कोरोनरी धमनी में अचानक खून के थक्के से रुकावट आ जाने के कारण दिल का दौरा पड़ता है। दिल के इस हिस्से को अगर किसी और कोरोनरी उपशाखा से खून नहीं मिल पाता, तो उस भाग में आवश्यक ऑक्सीजन और ग्लूकोज की कमी से पेशियों की कोशिकाएँ दम तोड़ने लगती हैं। यही है दिल का दौरा।

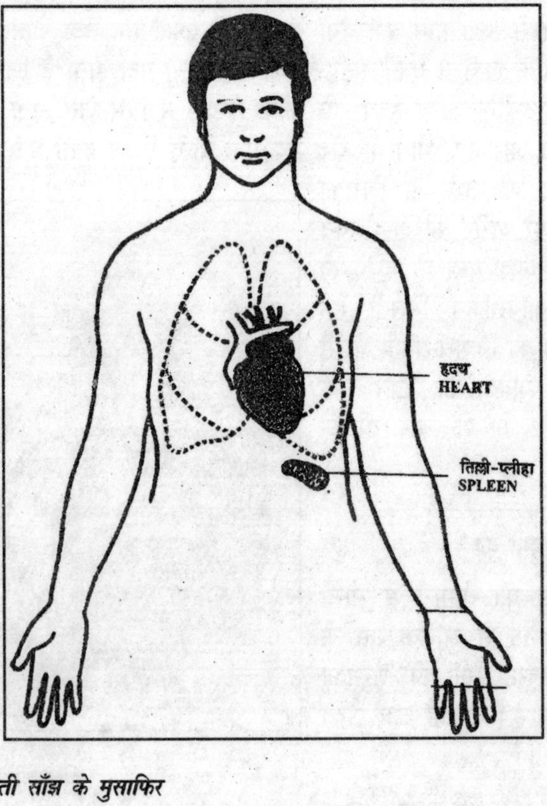

दिल के दौरे के लक्षण

- सीने में जोरों का दर्द उठता है। यह दर्द अक्सर छाती के बीचों बीच वक्षास्थि के ठीक नीचे शुरू होता है।
- बहुतों में दर्द सीने के दोनों तरफ फैलता है, पर बाईं तरफ का दर्द ज्यादा आम है। यह दर्द बाईं बाँह की भीतरी तह से होते हुए बाईं कलाई और बाएँ हाथ की अंगुलियों के पोरों तक जा सकता है। कुछ में कन्धों, गर्दन, जबड़े और पीठ में भी दर्द फैल जाता है।
- एन्जाइना की तुलना में दर्द कहीं ज्यादा तेज होता है। लेटने और आराम करने से दर्द में कोई कमी नहीं आती और छटपटाहट बनी रहती है। हाथ-पैर स्थिर रख पाना भी मुश्किल हो जाता है।
- कुछ मरीजों को दर्द के साथ ही साँस फूलने, उबकाई आने, पसीना छूटने और बेहद कमजोरी महसूस होने की तकलीफ भी होती है। हाथ-पैर ठण्डे हो जाते हैं और चेहरा पीला पड़ जाता है।
- करीब एक चौथाई मरीजों में तो दौरा पड़ने के कोई लक्षण प्रकट ही नहीं होते। न दर्द उठता है, न कोई तकलीफ होती है। दिल का दौरा पड़ा भी था, यह जानकारी बाद में ई.सी.जी. करने से मिलती है।
- वृद्ध रोगियों में दौरे के अस्पष्ट लक्षण भी पाए जा सकते हैं। अचानक दम फूलना, बेहोश हो जाना, असामान्य व्यवहार करना, बेहद कमजोरी महसूस करना या किसी अज्ञात कारण से रक्तचाप का अचानक गिर जाना, दिल का दौरा पड़ने के कुछ असामान्य लक्षण हैं।

दौरा पड़ने पर क्या करें?

- जब कभी जरा भी शुबहा हो कि दिल का दौरा पड़ा है, तो मरीज को पास में मौजूद अपने सगे-सम्बन्धी को इसकी जानकारी तुरन्त देनी चाहिए और जल्दी डॉक्टर को बुलाना चाहिए।
- मरीज अगर अकेला भी हो तो उसे डॉक्टर, आपात एम्बूलेंस सेवा या निकट के प्राथमिक चिकित्सा केन्द्र या अस्पताल से अविलम्ब सम्पर्क करना चाहिए।

- सन्देश बिल्कुल स्पष्ट होना चाहिए कि दिल का दौरा पड़ा है ताकि समय ज़ाया न हो और स्थिति की गम्भीरता का पता चल जाए। अगर होशहवास है, तो शीघ्र ही नाइट्रोग्लीसरीन की गोली जुबान के नीचे रखना फायदेमन्द हो सकता है।
- पास में एस्प्रिन हो, तो बिना समय गँवाए उसे मुँह में डालें और चबा लें। चबाने से वह जल्द जज्ब होकर अपना असर दिखा सकेगी। उसके असर से सँकरी धमनी में खून का दौरा बनने की सम्भावना बढ़ जाएगी।
- दिल का दौरा पड़ने पर एस्प्रिन लेने से मृत्यु में 25 प्रतिशत की कमी आती देखी गई है। यह मामूली सी दवा कई लोगों के लिए जीवनरक्षक बन जाती है।
- दौरा पड़ने के तत्काल बाद शुरू का एक-एक क्षण बहुत मूल्यवान ही नहीं होता है, बल्कि जीवित रहने के लिए निर्णायक भी होता है। मरीज के पास जो कोई भी हो, उसकी पूरी सुधबुध भी मरीज को बचाने में बहुत महत्व रखती है।
- दौरा ज्यादा तीव्र हो और रोगी बेहोश हो जाए, तो किसी एक को डॉक्टर और एम्बूलेंस का तुरन्त इन्तजाम करने का दायित्व सौंप कर मरीज के सगे-सम्बन्धी को बगैर एक क्षण खोए उसके प्राथमिक इलाज में जुट जाना चाहिए।
- बन्द हुई धड़कन और साँस को दुबारा से जगाना ही कार्डियो पोलमोनरी रिससीटेशन (सी.पी.आर.) है। इस प्राथमिक इलाज के सबसे जरूरी नियम इस प्रकार हैं?

क्या करें?

- मरीज को बिना गद्दे के पलंग या जमीन पर सीधा लिटा दें और उसके कपड़े खोल दें।
- उसकी टाँगें ऊपर की तरफ उठाएँ। इससे मरीज के मस्तिष्क को खून पहुँच सकेगा।
- इस बात का प्रबन्ध करें कि मरीज को ताजी हवा मिलती रहे।
- उसके सिर के नीचे से सिरहाना हटा लें।
- अगर जानकारी हो तो बगैर समय खोए सीपीआर शुरू कर दें।

क्या न करें?

- मरीज को जबरदस्ती खड़ा करने या बिठाने की कोशिश बिल्कुल न करें।
- उसके मुँह में पानी या गंगा जल कभी न उड़ेलें।
- उसके इर्द-गिर्द भीड़ जमा न होने दें।

सीपीआर कैसे करें?

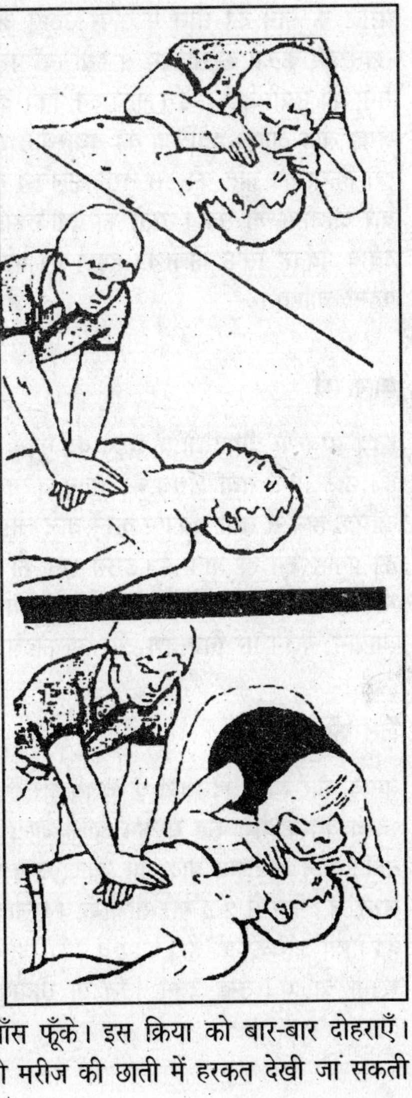

सबसे पहले रोगी की साँस को शीघ्रातिशीघ्र कायम करने की पुरजोर कोशिश करें। पहले यह देखें कि मरीज की साँस की नली खुली तो है। इसके लिए एक हाथ से मरीज की ठोड़ी ऊपर उठाएँ और दूसरे हाथ से सिर नीचे की तरफ दबाएँ। कई बार यह साधारण सी कोशिश ही मरीज की श्वास नली खोल देती है और प्राण बच जाते हैं। उसका रास्ता बन्द कर रही उथली जीभ इसी से सीधी हो जाती है। ऐसा होने पर दिल की धड़कन अगर बन्द न हुई हो, तो साँस अपने-आप चलने लगती है।

देखना यह है कि साँस लेने की क्रिया में सीना ऊपर नीचे हो रहा है कि नहीं। अगर साँस नहीं चल रही हो, तो साँस फूँकने के लिए तैयार हो जाएँ। रोगी के मुँह पर साफ रूमाल या कपड़ा रखकर उसके मुँह में अपना मुँह सटा लें। उसकी नाक भींच कर बन्द कर दें और साँस भर कर उसके मुँह में साँस फूंके। इस क्रिया को बार-बार दोहराएँ। यदि यह क्रिया ठीक से की जाए, तो मरीज की छाती में हरकत देखी जा सकती

है। अगर दिल में धड़कन महसूस नहीं हुई, तो सीने की मालिश शुरू करनी होती है। इसके लिए मरीज के दाईं तरफ उसके सीने से सटकर अपने घुटनों के बल पर बैठ जाएँ। अपने दाएँ हाथ की तर्जनी और बीच की उँगली से छाती के बीच की हड्डी के बिल्कुल आखिरी निचले छोर को ढूँढें और उस पर बाएँ हाथ की सिर्फ हथेली ही रखें। फिर खुद को आगे की ओर झुकाते हुए अपने कन्धों को मरीज के सीने की सीध में ऊपर उठाएँ और कोहनियों को तनी हुई अवस्था में रखते हुए कन्धों के माध्यम से हथेलियों पर दबाव डालें। यह दबाव इतना हो कि रोगी की छाती डेढ़-दो इंच नीचे दबे, फिर दबाव हटा लें ताकि छाती वापस अपनी जगह लौट आए। हथेलियों को यथास्थान रखते हुए बार-बार यह क्रिया दोहराएँ। इस क्रिया की गति को इस तरह तालबद्ध रखें कि एक मिनट में इसे लगभग 80 बार दोहराया जा सके। छाती का दबाव डालते समय इस बात का ध्यान रखें कि दबाव पूर्ववत् सिर्फ बीच की हड्डी पर पड़े। उसे पसलियों पर बिल्कुल भी नहीं पड़ना चाहिए।

ध्यान रखें

हृदय सम्बन्धी बीमारियों के बढ़ने का मुख्य कारण बदलती आदतें और जीवनशैली है। मोटे लोगों तथा शराब का सेवन करने वालों में धमनियों में वसा का जमाव अधिक होने से तथा धूम्रपान करने वाले लोगों में निकोटिन का जमाव होने से रक्त का प्रवाह कम हो जाता है। इससे खून का थक्का (थ्रोमबोसिस) होने की आशंका भी ज्यादा रहती है और यह हार्ट-अटैक का कारण बनता है। इसलिए नियमित व्यायाम, वजन पर नियन्त्रण और अल्कोहल व धूम्रपान से दूर रहना ही बेहतर है।

दिल की देखभाल

तनाव और व्यस्त दिनचर्या के चलते जरूरी है कि सभी हृदय के प्रति सचेत रहें। स्वस्थ वयस्क रोज कम से कम आधा घण्टा तेज चहलकदमी करें, पर कड़ी कसरत नहीं। खाने के तुरन्त बाद और ज्यादा ठण्ड में टहलने न निकलें। सुबह का नाश्ता जरूर लें। दिन में 2-3 बार सब्जियाँ व सलाद और 2 बार रेशेदार फल खाएँ। वसा की मात्रा अधिक नहीं हो। हृदय व उच्च रक्तचाप के मरीजों को अपना विशेष ध्यान रखना चाहिए। उन्हें जैतून, तिल या सोयाबीन का तेल इस्तेमाल करना चाहिए।

20

पक्षाघात यानी लकवा

दुनिया में मृत्यु का सबसे बड़ा कारण स्ट्रोक (पक्षाघात) सेहत की खतरनाक समस्या के रूप में उभरा है। इसे पहचानना ही नहीं रोकना भी आसान है। बस जरा अपने शरीर का ख्याल रखें और किसी भी असामान्य लक्षण को अनदेखा न करें। मस्तिष्क के एक महत्वपूर्ण हिस्से तक खून पहुँचने में आए अचानक अवरोध या उससे हुई क्षति का जख्म रूप में परिवर्तन पक्षाघात कहलाता है।

आम धारणा है कि पक्षाघात उम्रदराज लोगों को ही होता है। हकीकत में यह तथ्यपूर्ण मत नहीं है। लोग हार्ट अटैक से जुड़–कोलेस्टेरोल, हाई ब्लड प्रेशर और डायबिटीज जैसे खतरों और उनके संकेतों को खूब समझते हैं जबकि इनमें से कई पक्षाघात के संकेत भी हैं–हाई ब्लड प्रेशर, स्मोकिंग, डायबिटीज, हाई ब्लड कोलेस्टेरोल, चर्बी, शारीरिक निष्क्रियता, मोटापा और किसी भी तरह का हृदय रोग स्ट्रोक की आशंका की ओर इशारा करता है।

लेकिन शोधों से पता चलता है कि स्ट्रोक पीड़ितों में आधे से ज्यादा, समय रहते उपचार नहीं कराते और उसे अनदेखा कर देते हैं। खासतौर से सामान्य स्ट्रोक (मिनी स्ट्रोक) की स्थिति में अधिकांश मरीज लापरवाही कर देते हैं। मिनी स्ट्रोक का कारण सामान्यतः मस्तिष्क की ओर रक्त बहाव में आया अस्थायी अवरोध होता है। इसके लक्षण कुछ सेकण्ड से लेकर चौबीस घण्टे तक महसूस हो सकते हैं। यद्यपि ये संकेत मरीज को अपने आप में कोई स्थायी दिमागी क्षति तो नहीं पहुँचा सकते हैं, लेकिन मेजर स्ट्रोक की ओर संकेत अवश्य करते हैं जिन पर तत्काल ध्यान और निदान जादुई राहत दिला सकता है। मिनी स्ट्रोक की स्थिति में अक्सर जाँच-उपचार न के बराबर ही होते हैं। आमजन मिनी स्ट्रोक के बारे में थोड़ी-बहुत समझ और सजगता रखें, तो हजारों लोगों की जानें और हजारों को स्थायी अपंगता से बचाया जा सकता है।

अगर ऐसा लगे?

एक या दोनों आँखों से दिखाई देने में परेशानी। किसी भी हाथ, पैर या चेहरे पर सुन्नता अथवा कमजोरी। चलने-फिरने में परेशानी, आलस, सुस्ती, समन्वय में कमी। बोलने-समझने में गड़बड़ी या परेशानी, अज्ञात कारणों से तेज सिर दर्द।

कैसे बचें?

धूम्रपान, मद्यपान तत्काल बन्द कर दें। क्रियाशील हों। नियमित ऐरोबिक एक्सरसाइज करें। नियमित मेडीटेशन से ब्लड प्रेशर नियन्त्रित करें। डायबिटीज पर नियन्त्रण रखें। नियमित योग करें। यानी अपनी लाइफ स्टाइल बदल कर इस जीवन मारक रोग पर विजय पाई जा सकती है।

21

शरीर के फिल्टर (गुर्दे)

क्या है किडनी?– किडनी यानी गुर्दे शरीर का बहुत महत्वपूर्ण अंग हैं। मानव शरीर के पिछले हिस्से में रीढ़ की हड्डी के दोनों तरफ चिपके रहते हैं। पुरुषों के एक गुर्दे का वजन करीब 150 ग्राम होता है और महिलाओं के गुर्दे का वजन 135 ग्राम। गुर्दे में प्रति मिनट 1200 मिलीलीटर रक्त पहुँचता है।

क्या है काम?– गुर्दों का मूल काम है रक्त साफ करना। यह शरीर में मौजूद यूरिया, क्रिएटिनिन, पोटैशियम और अन्य अनुपयोगी पदार्थों को मूत्र द्वारा बाहर करते हैं। यानी गुर्दे शरीर में फिल्टर का काम करते हैं। ये शरीर में नमक-पानी की मात्रा को सन्तुलित करते हैं। रक्तचाप नियन्त्रित रखना, हीमोग्लोबिन बनाना व हड्डियों की मजबूती बनाए रखना गुर्दों का काम है।

क्या है कारण?– ज्यादातर गुर्दे की बीमारियाँ उनमें मौजूद नेफ्रॉन्स पर हमला कर, धीरे-धीरे इन्हें नुकसान पहुँचाती हैं जिससे गुर्दों की फिल्टर करने की शक्ति कम हो जाती है।

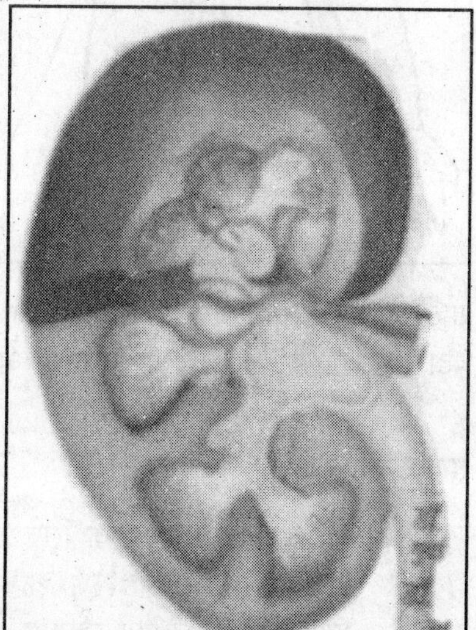

अन्य प्रमुख कारण हैं–

डायबिटीज– लगभग 30 प्रतिशत मरीजों के गुर्दे डायबिटीज की वजह से खराब होते हैं।

रक्तचाप– लगभग 14 प्रतिशत मरीजों के गुर्दों पर उच्च रक्तचाप दुष्प्रभाव डालता है।

वंशानुगत– करीब 8 प्रतिशत मरीजों के गुर्दे वंशानुगत कारणों से

खराब होते हैं। इसलिए यदि घर में किसी को गुर्दे की शिकायत रही हो, तो अपने गुर्दे की नियमित जाँच करवाते रहें।

लक्षण– मूत्र के साथ जलन होना, मूत्र में झाग, मवाद, खून आना, प्रोटीन जाना या बार-बार मूत्र के लिए जाना। पैरों और चेहरे पर सूजन आना, रक्तचाप का बार-बार बढ़ना, कमर के बाजू में तेज दर्द होना, खून की कमी होना या शरीर में लगातार खुजली होना भी गुर्दे खराब होने के संकेत हैं। किसी भी लक्षण के नजर आते ही फौरन जाँच करवाए।

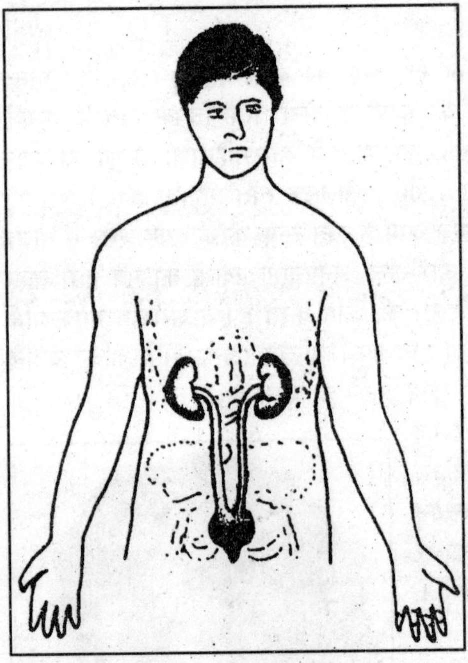

कौन सी जाँच?

मूत्र, रक्तचाप, और डायबिटीज कीं जाँच करवाना जरूरी है। इसके अलावा सोनोग्राफी भी करवाएँ।

गर्भावस्था के दौरान– महिलाओं में यूरिन इन्फेक्शन बहुत आम होता है। जिन महिलाओं में ये प्रवृत्ति हो उनमें गर्भावस्था के दौरान यह समस्या बढ़ जाती है। ऐसे में उन्हें गुर्दे की लगातार जाँच करवाते रहना चाहिए। इसी तरह लगभग 7-8 प्रतिशत महिलाओं में गर्भावस्था में रक्तचाप बढ़ने की सम्भावना रहती है और इससे गुर्दे प्रभावित होते हैं। आखिर के 2-3 महीनों में भी रक्तचाप बढ़ा हुआ ही हो, तो गुर्दे की जाँच करवा लेनी चाहिए।

सावधानियाँ बरतें

- गुर्दों को स्वस्थ रखने के लिए सर्दियों में 8-10 गिलास एवं गर्मियों में 12-14 गिलास पानी पिएँ। कम पानी पीने से गुर्दों में पथरी बनने की आशंका रहती है एवं संक्रमण होने का खतरा बढ़ जाता है।

- हमेशा सन्तुलित आहार लें और नमक व प्रोटीन का सेवन अत्यधिक न करें। ये दोनों ही गुर्दों के लिए नुकसानदेह हो सकते हैं।
- सभी, चाहे वे किसी भी उम्र के व्यक्ति हों, को चाहिए कि साल में एक बार रक्तचाप व मूत्र की जाँच करवाएँ।
- बिना डॉक्टरी सलाह के किसी भी तरह की दवाइयाँ न खाएँ। खासकर दर्दनिवारक गोलियाँ।
- नीम-हकीमों से बचें। किसी भी बीमारी का गलत इलाज होने का सबसे ज्यादा दुष्प्रभाव गुर्दे पर पड़ता है।
- गुमराह करने वाले विज्ञापनों से बचें।

22

टीबी लाइलाज नहीं

टीबी क्या है?

टीबी रोग माइकोबैक्टिरियम ट्यूबरकुलोसिस नामक जीवाणु से होता है। क्षय रोगी के खाँसने, छींकने से ये जीवाणु वातावरण में फ़ैल जाते हैं तथा श्वास द्वारा स्वस्थ मनुष्य के शरीर में प्रवेश पाकर रोग को पैदा करते हैं।

टीबी के लक्षण

- तीन सप्ताह से ज्यादा खाँसी।
- वजन का घटना।
- बुखार, विशेष तौर पर शाम को बढ़ने वाला बुखार।
- भूख में कमी।
- छाती में दर्द।
- बलगम के साथ खून आना।

क्या आप जानते हैं कि

- टीबी रोग का मुख्य कारण कीटाणु होते हैं।
- फेफड़ों की टीबी से पीड़ित व्यक्ति के खाँसने या छींकने से टीबी फैलती है।
- हर दिन 5000 नए लोगों को टीबी होती है।
- टीबी पूरी तरह से ठीक हो सकती है यदि उसका इलाज निश्चित अवधि तक पूरा किया जाए।
- टीबी रोगी को अस्पताल में भर्ती होने की आवश्यकता नहीं होती।

- अगर टीबी का पूरा इलाज न कराया जाए तो वह लाइलाज (प्रतिरोधक) हो जाती है।
- टीबी को फैलने से रोकने का बेहतर तरीका है उसका जल्द से जल्द पूरा इलाज– यानी डॉट्स प्रणाली अपनाना।

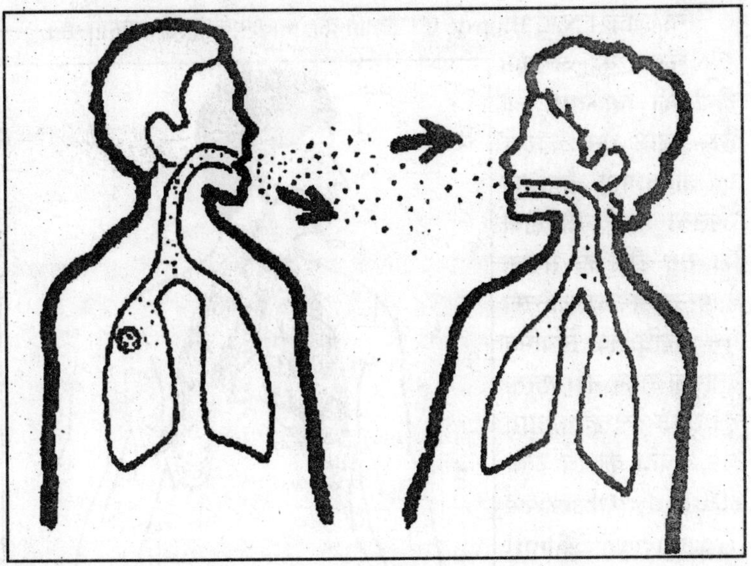

क्या करें

- अगर तीन हफ्तों से अधिक अवधि तक खाँसी हो तो माइक्रोस्कोप द्वारा बलगम की जाँच कराएँ।
- टीबी की दवा निश्चित अवधि तक नियमित रूप से लें। बिना डॉक्टर की सलाह के दवा लेना बन्द न करें।
- याद रखें टीबी का इलाज पूर्णतः सम्भव है।
- कीटाणुनाशक थूकदान में ही थूकें। हर जगह न थूकें।
- खाँसते या छींकते समय मुँह पर रूमाल अवश्य रखें। टीबी के रोगी को परिवार से अलग न करें।

टीबी शरीर के किस हिस्से में होती है ?– 85 प्रतिशत टीबी के मरीज फेफड़ों की बीमारी से ग्रस्त होते हैं। 15 प्रतिशत केसेज में शरीर के अन्य अंग जैसे मस्तिष्क, आँतें, गुर्दे, हड्डी व जोड़ इत्यादि भी रोगग्रसित होते हैं।

टीबी का निदान कैसे किया जाए?– टीबी के निदान (पहचान) का सबसे कारगर एवं विश्वसनीय तरीका सूक्ष्मदर्शी यन्त्र (माइक्रोस्कोप) के द्वारा बलगम की जाँच करना है क्योंकि इस रोग के जीवाणु सूक्ष्मदर्शी यन्त्र द्वारा आसानी से देखे जा सकते हैं। टीबी के निदान के लिए एक्सरे करवाना, बलगम की जाँच की अपेक्षा अधिक महँगा तथा कम भरोसेमन्द है, फिर भी कुछ रोगियों के लिए एक्सरे व अन्य जाँच FNA, Biopsy, CT Scan की आवश्यकता हो सकती है।

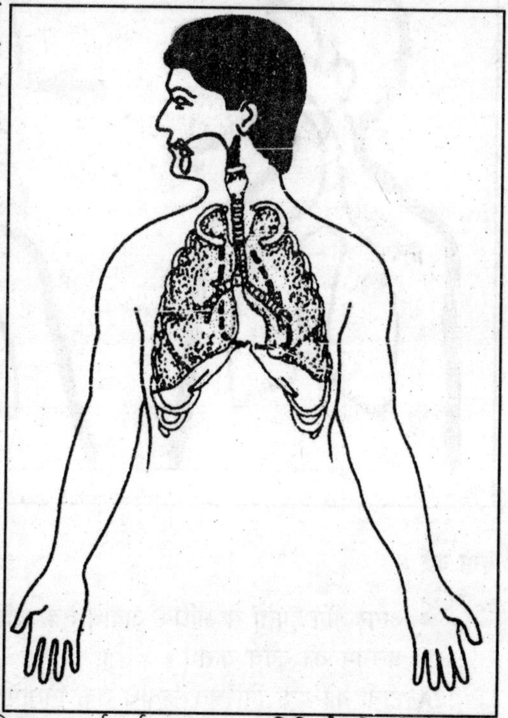

डॉट्स के अन्तर्गत टीबी की चिकित्सा क्या है?– आज ऐसी कारगर एवं शक्तिशाली औषधियाँ उपलब्ध हैं, जिनसे टीबी का रोग ठीक हो सकता है, परन्तु सामान्यतया रोगी पूर्ण अवधि तक नियमित दवा का सेवन नहीं करता है। सीधी देखरेख के द्वारा कम अवधि की चिकित्सा (Directly Observed Treatment Short Course) टीबी रोग से मुक्ति सुनिश्चित करने का सबसे प्रभावशाली तरीका है। यह विधि विश्व स्वास्थ्य संगठन द्वारा विश्व स्तर पर टीबी के नियन्त्रण के लिए अपनाई गई एक कारगर विधि है, जिसमें रोगी को एक-एक दिन छोड़कर सप्ताह में तीन दिन कार्यकर्ता के द्वारा दवा का सेवन कराया जाता है।

डॉट्स विधि के अन्तर्गत चिकित्सा के तीन वर्ग हैं– प्रथम, द्वितीय, तृतीय वर्ग। प्रत्येक वर्ग में चिकित्सा का गहन पक्ष (Intensive Phase) और निरन्तर पक्ष (Continuation Phase) होते हैं। गहन पक्ष के दौरान विशेष ध्यान रखने की आवश्यकता है तथा यह सुनिश्चित करना है कि रोगी, औषधि की प्रत्येक खुराक स्वास्थ्य कार्यकर्ता, स्वयंसेवक, सामाजिक कार्यकर्ता, निजी चिकित्सक की

सीधी देखरेख में लेंवे। निरन्तर पक्ष में रोगी को हर सप्ताह औषधि की पहली खुराक चिकित्साकर्मी/कार्यकर्ता के सम्मुख लेनी है तथा अन्य दो खुराकें रोगी को स्वयं लेनी होंगी। अगले सप्ताह का औषधि पैक (ब्लिस्टर पैक) लेने के लिए रोगी को पिछले सप्ताह का काम में लिया गया खाली ब्लिस्टर पैक अपने साथ में लाना आवश्यक है।

उल्लेखनीय है कि सप्ताह में तीन दिन की चिकित्सा उतनी ही प्रभावी है, जितनी प्रतिदिन की चिकित्सा। यदि निर्धारित दिन पर रोगी चिकित्सा के लिए नहीं आता है, तो यह हमारा (डॉट्स प्रोवाइडर) उत्तरदायित्व है कि रोगी को खोजकर उसको परामर्श व समझाकर उसी दिन अथवा अगले दिन औषधियों का सेवन कराए, परन्तु रोगी को अगली खुराक नियत दिवस पर ही दी जानी चाहिए।

गहन पक्ष (प्रथम एवं तृतीय वर्ग के रोगी) की 22 खुराकें और गहन पक्ष (द्वितीय वर्ग के रोगी) की 34 खुराकें पूरी होने पर रोगी के बलगम के दो नमूने जाँच के लिए जाने चाहिए, ताकि उसकी गहन पक्ष की सभी खुराकें पूरी होने तक जाँच के नतीजे उपलब्ध हो सकें। यदि बलगम संक्रमित (Negative) नहीं है, तो रोगी को निरन्तर पक्ष की औषधियाँ देना प्रारम्भ कर देना चाहिए। यदि बलगम में संक्रमण (Posative) हो तो उपचार देने वाले चिकित्सक द्वारा रोगी के गहन पक्ष की चिकित्सा अवधि को एक माह और बढ़ा दिया जाता है।

23

कैंसर से सम्बन्धित जानकारी

रहन-सहन, खान-पान, जीने के तौर-तरीकों में बदलाव लाकर उपलब्ध उपचार विधियों से कैंसर का इलाज अधिकतर मामलों में किया जा सकता है। कैंसर में शरीर की कोशिकाएँ मनमाने ढंग से पनपने लगती हैं और शरीर का इस पर नियन्त्रण नहीं रह जाता है। शरीर का वह हिस्सा असामान्य रूप से बढ़ने लगता है। यह असामान्य बढ़ोतरी दो किस्म की हो सकती है– 1. बिनाइन ट्यूमर 2. मेलिगनेंट ट्यूमर

बिनाइन ट्यूमर या रसौली–इस किस्म का ट्यूमर शरीर के एक अंग तक ही सीमित रहता है, फैलता नहीं है। इसका स्थानीय इलाज प्रायः सम्भव होता है। ऑपरेशन से इसे जड़ से निकाल देने के बाद दुबारा नहीं होता और शरीर का वह भाग पूरी तरह रोगमुक्त हो जाता है।

मेलिगनेंट ट्यूमर/कैंसर–कुछ समय में यह बढ़कर आसपास के अंगों में फैल जाता है। उससे कुछ कैंसर कोशिकाएँ टूटकर, मौका मिलते ही रक्तवाहिकाओं और लिम्फ-वाहिकाओं के रास्ते से शरीर के दूरदराज के अंगों में पहुँच जाती हैं और उन्हें भी कैंसरग्रस्त कर डालती हैं। शरीर के किसी एक अंग में अंकुरित, दूरदराज के अंगों में कैंसर फैल जाने की यह क्रिया 'मेटास्टेसिस' के नाम से जानी जाती है।

कारण–वैसे तो कैंसर के किसी पुख्ता कारण का अभी तक प्रामाणिक रूप से पता नहीं चल सका है। शोध चिकित्सकों के अनुसार खानपान, रहन-सहन, पर्यावरण, व्यक्तित्व, व्यवसाय, जींस और कुछ रोगाणुओं की अलग-अलग किस्म के कैंसर उत्पन्न करने में एक निश्चित भूमिका होती है।

कैंसर के लक्षण–कैंसर के लक्षण इस पर निर्भर करते हैं कि वह किस किस्म का कैंसर है और शरीर के किस भाग में है पर कुछ लक्षण ऐसे हैं, जिनके प्रति सजग होने से कैंसर को पहचानने में सहायता मिल सकती है। इनके प्रति हमेशा सावधान रहना चाहिए। ये खतरे की घण्टी हैं।

- शरीर के किसी भी अंग में असामान्य रक्तस्राव खासकर बलगम, पाखाने, उल्टी के साथ अथवा योनी मार्ग या वक्ष से खून का आना।
- शरीर के किसी भी भाग में उत्पन्न गाँठ, खासकर वक्ष में जो दवा करने के बाद भी ठीक न हो, मुँह में सफेद दाग या अल्सर।
- निगलने में अकारण तकलीफ।
- एकाएक आवाज में परिवर्तन, जबकि गला ठीक-ठाक हो।
- खाँसी-खराश, जो दवा से ठीक न हो रही हो और जिसका कारण नहीं मिल रहा हो।
- प्रौढ़ावस्था में शौच क्रिया में एकाएक परिवर्तन।
- घाव अथवा फोड़ा जो मरहम-पट्टी और दवा लेने के बाद भी भरे नहीं, बढ़ता जाए।
- मस्सा, जिसमें खाज होने लगे, बढ़ने लगे।
- अकारण वजन में गिरावट।

इन लक्षणों के होने पर तुरन्त डॉक्टरी सलाह लेना जरूरी है। यह आवश्यक नहीं है कि इन लक्षणों के होने पर कैंसर ही हो पर अगर कैंसर है तो उसके तुरन्त निदान से समय रहते उपचार सम्भव हो सकता है।

रोग निदान की नई तकनीकें– अंकुरावस्था में ही अब कैंसर का निदान सम्भव हो गया है। विशेषज्ञों की राय में चालीस वर्ष की उम्र के पश्चात् कैंसर डिटेक्शन कैंप, ब्लड टेस्ट, एक्स-रे, एंडोस्कोपी और अल्ट्रासाउण्ड परीक्षण खासतौर से महत्वपूर्ण हो सकते हैं। इन पूर्व जाँच परीक्षणों के होने के बाद बायोप्सी की जाती है। बायोप्सी से कैंसर के किस्म की जानकारी भी मिल जाती है।

कैंसर का निदान हो जाने के बाद यह जानना भी आवश्यक होता है कि कैंसर क्या उसी अंग तक सीमित है या शरीर में फैल चुका है। इसके लिए भी तरह-तरह की जाँच जिनमें एक्स-रे, अल्ट्रासाउण्ड, कैट स्कैनिंग और न्यूक्लियर स्कैनिंग करवाई जाती है। कैंसर किस स्टेज में पहुँच चुका है यह जान लेने के बाद ही उपचार के बारे में निर्णय लिया जाता है।

इलाज के रास्ते

कैंसर उपचार के मूल आधार हैं–

- शल्य चिकित्सा
- विकिरण चिकित्सा
- किमोथेरेपी

कैंसर किस अंग में है, वह किस किस्म का है और कहाँ तक फैल चुका है यह मद्‌देनजर रखकर ही कैंसर विशेषज्ञ सबसे उपयुक्त उपचार विधि के बारे में निर्णय लेते हैं। कैंसर को जड़ सहित खत्म करने के लिए कैंसर विशेषज्ञ शल्य चिकित्सा या विकिरण चिकित्सा अपनाते हैं। विकिरण चिकित्सा के लिए रेडियोथेरेपी विशेषज्ञ रेडियोधर्मी तत्वों द्वारा कैंसर को नष्ट करते हैं। कोबाल्ट से निकलने वाली गामा किरणों और विद्युत ऊर्जा से पैदा हुई उच्च शक्तिमय एक्स-रे किरणें कैंसर का विनाश कर रोगी के लिए आशा की किरण बन जाती हैं। किमोथेरेपी या विकिरण चिकित्सा के दौरान साइड इफेक्ट्स होना आम बात है। इस कारण रोगी को अपना धैर्य और विश्वास नहीं खोना चाहिए। अधिकतर पार्श्व प्रभाव उपचार पूरा होने के कुछ समय बाद स्वतः दूर हो जाते हैं, इसलिए रोगी को इनसे विचलित नहीं होना चाहिए और इलाज ठीक से लगकर करवाना चाहिए।

कैंसर से बचाव के कदम—यहाँ खानपान व वजन नियन्त्रण से सम्बन्धित कुछ तरीके बताए जा रहे हैं जो कैंसर के खतरे घटाने वाली आसान और असरकारी सावधानियाँ हैं।

ताजी सब्जियाँ खाए—कुछ किस्म की सब्जियाँ (हरी पत्तेवाली या पीली) आँतड़ियों, मलाशय, पुरुष्य ग्रन्थि, पेट, श्वास अंग, छाती और गले के कैंसरों से आपका बचाव कर सकती हैं। खासतौर से पत्तागोभी और फूलगोभी बहुत फायदेमन्द हैं।

रेशेदार पदार्थ ज्यादा खाएँ—रेशेदार पदार्थ लेकर आँतड़ियों के कैंसर से बचा जा सकता हैं। रेशेवाले पदार्थ हैं - ब्राउन ब्रेड, चावल, गेहूँ, अनाज, मक्का, किशमिश, आड़ु, सेब, सन्तरे, आलू, पालक, मटर और टमाटर।

विटामिन 'ए' से भरपूर भोजन करें—इससे आपको भोजन नली, श्वास नली, मुँह, पेट, आँतड़ियों, मूत्राशय, और गले के कैंसर से सुरक्षा पाने में मदद मिलेगी। विटामिन 'ए' अँडे के पीले भाग, दुग्ध उत्पाद, मछली, कलेजी, ताजे फल (जैसे आड़ु, गाजर, और खुबानी) तथा हरी सब्जियों में पाया जाता है। विटामिन की गोलियाँ खाने से बेहतर यही है कि आप उपरोक्त चीजों का उचित समावेश करें।

विटामिन 'सी' युक्त फल खाएँ—इससे भोजन नली, मुँह, आँतड़ियों, मलाशय, पेट और गर्भाशय व गले के कैंसरों से बचने में मदद मिलेगी। आम, फूलगोभी, सन्तरे, लाल व हरी मिर्च, टमाटर और स्ट्राबेरी में यह विटामिन पाया जाता है।

खतरे से बचने के उपाय

वजन नियन्त्रित रखें–कसरत और कम कैलोरी वाले भोजन से वजन नियन्त्रित रहता है। घूमना एक अच्छी कसरत है और डांस, तैरना, दौड़ना व खेल-कूद भी अच्छी कसरत हैं।

चर्बी घटाएँ–चर्बीयुक्त भोजन खाने से छाती, आँतड़ियों और पुरुष्य ग्रन्थि के कैंसर का खतरा बढ़ता है। कम चर्बी वाले दुग्ध पदार्थ, गोश्त व मछली खाकर चर्बीयुक्त भोजन कम कीजिए। अधिक चीनी वाली पेस्ट्री व मिठाइयों से परहेज कीजिए।

अचार, भुने भोजन या नमक द्वारा सुरक्षित खाद्य कम खाइए–भोजन नली और पेट के कैंसर उन देशों में आम पाए जाते हैं जहाँ ऐसे पदार्थ ज्यादा मात्रा में खाए जाते हैं। अचार और नमक द्वारा सुरक्षित मछली और गोश्त न खाएँ।

धूम्रपान न करें–फेफड़े और मूत्राशय के कैंसर का मुख्य कारण यही है। घर में धूम्रपान करने का अर्थ है परिवार के सदस्यों सहित आसपास के लोगों के लिए साँस की बीमारी व कैंसर का खतरा। धूम्रपान करने वाली गर्भवती महिला अपने अन्दर पनप रहे बच्चे को भी नुकसान पहुँचाती है।

पान व तम्बाकू न खाएँ–इसका सीधा सम्बन्ध दाँत व मसूड़ों की खराबी के अलावा मुँह और गले के कैंसर से है।

शराब न पीएँ–यदि आप शराब पिएँगे तो उससे कलेजे के कैंसर का खतरा अधिक होगा। धूम्रपान और शराब पीने से मुँह, श्वास नली और भोजन नली के कैंसर का खतरा भी बढ़ता है, इसलिए शराब न पीएँ।

शीघ्र निदान शीघ्र निरोगी–कैंसर पूरी तरह से ठीक हो सकता है बशर्ते उसका निदान प्रारम्भिक अवस्था में हो जाए, इसलिए कम से कम साल में एक बार अपनी नियमित जाँच करवाएँ। यह जाँच आसान और तत्काल होती है। इंडियन कैंसर सोसायटी के किसी भी निदान केन्द्र में आइए, कैंसर विशेषज्ञ से मिलिए या अपने डॉक्टर से सलाह लीजिए।

24

वृद्धावस्था में प्रोस्टेट ग्लेन्ड का बढ़ना

प्रोस्टेट ग्लेन्ड ठीक ब्लेडर (पैशाब थैली) के नीचे होती है। यूरेथरा की नलिका प्रोस्टेट ग्लेन्ड के ठीक मध्य से गुजरती है। युवावस्था में प्रोस्टेट ग्लेन्ड स्वस्थ लैंगिक या प्रजननशील तरल प्रवाही धातु उत्पन्न करती है। यह देखा गया है कि 60 वर्ष की उम्र के आसपास प्रोस्टेट ग्लेन्ड में सूजन आने या बढ़ जाने से प्रायः मूत्र मार्ग में अवरोध पैदा हो जाता है। इसका कारण हारमोन्स में परिवर्तन आना है। पेशाब करने में तकलीफ महसूस होती है व बार-बार पेशाब करने की इच्छा होने लगती है। ऐसी स्थिति में व्यक्ति को असहनीय दर्द व मानसिक तनाव हो जाता है। दर्द की दिशा प्रोस्टेट बढ़ने की दिशा पर भी निर्भर करती है। कमर या पीठ में दर्द, दस्त में रुकावट आदि प्रभाव भी दिखाई देते हैं।

प्रोस्टेट ग्लेन्ड की बढ़ोतरी को रोकने के लिए कुछ प्राथमिक सावधानियाँ बरतनी चाहिए। जैसे कि कैफीन पदार्थों (चाय आदि), शराब सेवन आदि से दूर रहना चाहिए। आहार भी अति चिकनाई (घी, तेल आदि) युक्त न हो एवं ताजी साग-सब्जी का उपयोग करें। आयुर्वेद, एलौपेथी व होम्योपैथी की चिकित्साओं में भी इस रोग को दूर करने के लिए उचित औषधियाँ उपलब्ध हैं। समय पर चिकित्सक की राय से पीएसए (प्रोस्टेट स्पेसिफिक) जाँच आदि करानी चाहिए। कभी-कभी प्रोस्टेट कैंसर में भी तब्दील हो जाता है। सारांश में यह रोग अगर हो जाए तो उसका शीघ्रातिशीघ्र इलाज शुरू कर देना चाहिए जिससे प्रारम्भिक अवस्था में ही इसे अधिक बढ़ने से रोका जा सके।

25

पैरों की नसों का फूलना

जिन लोगों को लम्बे समय तक खड़े रहकर या बैठे हुए भी पैर लटकते रखकर कार्य करना पड़ता है ऐसे लोगों के पैरों की नसें फूल जाती है, नसों में रक्त भर जाता है और कुछ समय में गाँठें पड़ने लगती हैं। सामान्यतः घुटनों के नीचे के भाग में स्थित कुछ नसों में यह विकार होता है। यह रोग होने के कारण पैरों की कुछ नसें ढीली पड़कर कमजोर हो जाती हैं। उतने हिस्से में रक्त का परिभ्रमण व्यवस्थित नहीं हो पाता। नसों की निर्बलता के कारण रक्त का नीचे की ओर बहने वाला प्रवाह पूर्णतः लौट नहीं पाती। फलस्वरूप रक्त घुटनों के नीचे के हिस्से में स्थगित हो जाता है और नसें फूल जाती है। अन्त में उसमें गाँठें बँध जाती हैं।

यह रोग प्रायः वृद्धावस्था में ही दिखाई देता है, फिर भी यह नहीं कहा जा सकता कि यह रोग जवान व्यक्तियों को नहीं होता। ऐसे प्रमादी और आलसी लोग जो श्रम, मेहनत, मजदूरी या कसरत नहीं करते, उन्हें भी यह रोग हो जाता है, क्योंकि उनकी नसें निर्बल हो जाती हैं।

नसों की निर्बलता दूर करें : इस रोग का कारण रुधिराभिसरण की मन्दता के कारण रक्त का जम जाना ही है। योग्य कसरतें करने से रक्ताभिसरण गतिशील होता है और रक्त स्थगित नहीं हो पाता। जैसे ही रक्त अच्छी तरह भ्रमण करने लगता है, यह रोग मिट जाता है।

प्रातःकाल शरीर के अवयव शिथिल होतें हैं। इस समय कसरत करने से अपेक्षित परिणाम प्राप्त किया जा सकता है। प्रातःकाल बिस्तर में लेटे-लेटे कसरतें करें। हथेलियों से फूलती हुई नसों को ऊपर-नीचे घर्षण देने से रक्त की गति में सुधार होता है। नसों को मलने या मसाज करने से उन्हें आवश्यक शक्ति और स्फूर्ति मिल जाती है। घर्षण मिलने से नसें यथावत् काम करने लगती हैं। रक्ताभिसरण को गति मिलने से रोग हमेशा के लिए मिट जाता है। प्रारम्भ में

लगभग बीस बार ऊपर से नीचे और नीचे से ऊपर फूली हुई नसों को मलें अर्थात उन्हें मसलें, दबाएँ और घर्षण का व्यायाम दें। जैसे-जैसे इस प्रकार का घर्षण दिया जाएगा वैसे-वैसे नसें मुलायम होती जाएँगी और उन्हें आवश्यक क्षमता भी प्राप्त हो जाएगी। यदि प्रतिदिन मनोयोगपूर्वक यह प्रयोग किया जाए तो निःसंदेह आराम मिलता है।

नसों में रक्त न जमने पाए और नसें फूलकर मोटी न होने पाएँ इसके लिए निम्नलिखित प्रयोग आजमाएँ : नीचे जमीन पर बैठकर दोनों पैरों की मालिश करें। इसके बाद दोनों हाथों की मुट्ठियों से दोनों पैरों को थपथपाएँ। इससे जमी हुई नसें ढीली हो जाएँगी, रक्त का परिभ्रमण होने लगेगा और रक्ताभिसरण को वेग मिलेगा।

डॉक्टर से मिलकर उपयुक्त कसरतें करें। ऐसी ही एक कसरत में आप चित लेट जाइए। एक कुर्सी पर, अपनी ऊँचाई से आधी ऊँचाई हो, इस प्रकार दो-तीन तकिए रखें। अब आप कुर्सी के पास और उसके ठीक सामने चित लेट जाइए। दोनों पैरों की एड़ियों को सटाकर तकिए पर रखिए। इसके बाद दोनों हाथों की कुहनियाँ जमीन पर टिकाकर शरीर को ऊपर उठाइए। इस प्रकार शरीर को उठाने से पीठ, कमर और कुर्सी पर स्थित एड़ियाँ ये सभी एक ही सीध ढलाव में आ जाएँगी। पूरे शरीर का वजन कन्धों और एड़ी पर पड़ेगा। इस व्यायाम से लाभ मिलता है। गर्म पानी में तौलिया भिगोकर नसों पर रगड़ने से भी लाभ मिलता है।

26

प्राणायाम

प्राण का नियन्त्रण ही प्राणायाम है। स्थूल रूप से प्राणायाम श्वास-प्रश्वास के व्यायाम की एक पद्धति है, जिससे फेफड़े बलिष्ठ होते हैं, रक्त संचार की व्यवस्था सुधरने से समग्र आरोग्य का लाभ मिलता है।

मानव जीवन साँसों के सन्तुलन के आधार पर टिका है। योग आत्मा को परमात्मा से जोड़कर जीवन को सन्तुलित बनाता है। योग व्यक्ति को हर पल

सजग और जागरूक रहने की दीक्षा देता है। योग से खोई हुई अन्तर्शक्ति जागृत होती है। योग व्यक्ति को ऐसी दृष्टि देता है जिसके सहारे वह सृष्टि में जीवित रहता है। स्वामी रामदेव सात प्राणायाम व सात सूक्ष्म व्यायाम पर जोर देते हैं। यहाँ पर उन सात प्राणायामों का संक्षिप्त विवरण प्रस्तुत है, जिसे "दिव्य प्रकाशन" से प्रकाशित पुस्तिकाओं से संकलित किया गया है।

प्राणायाम के लिए कुछ सावधानियाँ

- प्राणायाम शुद्ध सात्विक निर्मल खुले स्थान पर करना चाहिए। यदि सम्भव हो तो जल के समीप बैठकर अभ्यास करें।
- प्राणायाम के लिए सिद्धासन, सुखासन, वज्रासन या पद्मासन में बैठना उपयुक्त है। बैठने के लिए कुचालक आसन जैसे कम्बल आदि का प्रयोग करना चाहिए। प्राणायाम के अभ्यास काल में ग्रीवा, मेरुदण्ड, वक्ष, कटि को सदा सीधा रखकर नासिका से ही श्वास लेना चाहिए।
- प्रातःकाल शौचादि से निवृत्त होकर योगासनों से पूर्व प्राणायाम करें तो सर्वोत्तम है।
- प्राणायाम करने के लिए कम से कम पाँच घण्टे पूर्व भोजन कर लेना चाहिए।
- शुरू में 5-10 मिनिट ही अभ्यास करें तथा धीरे-धीरे बढ़ाते हुए आधा से एक घण्टे तक अभ्यास करना चाहिए। प्राणायाम हमेशा नियत समय या संख्या में करें।
- प्राणायाम करते समय मन शान्त एवं प्रसन्न होना चाहिए। अभ्यास धीरे-धीरे बिना किसी उतावलेपन के धैर्य के साथ करना चाहिए।
- अनुभवी आचार्य के मार्गदर्शन में प्राणायामों, आसनों, मुद्राओं आदि की शिक्षा लें।
- प्राणायाम की एक सम्पूर्ण प्रक्रिया को विशिष्ट वैज्ञानिक रीति व आध्यात्मिक विधि से सात प्रक्रियाओं में क्रमबद्ध व समयबद्ध किया है। इस पूरी प्रक्रिया में लगभग 20 मिनिट का समय लगता है।

प्रथम प्रक्रिया : भस्त्रिका प्राणायाम

किसी ध्यानात्मक आसन में सुविधानुसार बैठकर दोनों नासिकाओं से श्वास को पूरा अन्दर डायाफ्राम तक भरना व बाहर भी पूरी शक्ति के साथ छोड़ना भस्त्रिका

प्राणायाम कहलाता है। जब श्वास को अन्दर भरें तब पेट को नहीं फुलाएँ। श्वास डायाफ्राम तक भरें, इससे पेट नहीं फूलेगा, पसलियों तक छाती ही फूलेगी। आँखें बन्द रखें और ऊँकार का मानसिक रूप से चिन्तन व मनन करना चाहिए। गति अपनी सामर्थ्य अनुसार रखें। यह प्राणायाम 3 से 5 मिनट तक करें।

द्वितीय प्रक्रिया

कपाल भाँति में श्वास को शक्तिपूर्वक बाहर छोड़ने में ही पूरा ध्यान दिया जाता है। श्वास को भरने के लिए प्रयत्न नहीं करते, अपितु सहज रूप से जितना श्वास अन्दर चला जाता है, जाने देते हैं। पूरी एकाग्रता श्वास को बाहर छोड़ने में होती है। ऐसा करते हुए स्वाभाविक रूप से पेट में ही आकुंचन व प्रसारण की क्रिया होती है। इस प्राणायाम को न्यूनतम 5 मिनिट तक अवश्य करना चाहिए। इस प्राणायाम के करने से आमाशय, अग्न्याशय, यकृत, प्लीहा, आंत्र, प्रोस्टेट एवं किडनी का आरोग्य विशेष रूप से बढ़ता है।

तृतीय प्रक्रिया : बाह्य प्राणायाम

- सिद्धासन या पद्मासन में विधिपूर्वक बैठकर श्वास को एक ही बार में यथाशक्ति बाहर निकाल दीजिए।
- श्वास बाहर निकालकर मूलबन्ध, उड्डीयन बन्ध व जालन्धर बन्ध लगाकर श्वास को यथाशक्ति बाहर ही रोककर रखें।
- जब श्वास लेने की इच्छा हो तब बन्धों को हटाते हुए धीरे-धीरे श्वास लीजिए।
- श्वास भीतर लेकर उसे बिना रोके ही पुनः पूर्ववत् श्वसन क्रिया द्वारा बाहर निकाल दीजिए। इस प्रकार तीन से लेकर 21 बार तक कर सकते हैं। पेट को विश्राम आरोग्य देने के लिए त्रिबन्धपूर्वक यह प्राणायाम करना चाहिए।

चतुर्थ प्रक्रिया : अनुलोम-विलोम प्राणायाम

अनुलोम-विलोम प्राणायाम को बाईं नासिका से प्रारम्भ करते हैं। अंगुष्ठ के माध्यम से दाहिनी नासिका को बन्द करके बाईं से श्वास धीरे-धीरे अन्दर भरना चाहिए। श्वास पूरा अन्दर भरने पर अनामिका व मध्यमा से वाम स्वर को बन्द करके

दाहिनी नाक से पूरा श्वास बाहर छोड़ देना चाहिए। हाथ की हथेली को नासिका के सामने न रखकर थोड़ा ऊपर रखना चाहिए। धीरे-धीरे श्वास-प्रश्वास की गति मध्यम और फिर तीव्र करनी चाहिए। तीव्र गति से पूरक, रेचक करने से प्राण की तेज ध्वनि होती है। थकान होने पर बीच में थोड़ा विश्राम करके, थकान दूर होने पर पुनः प्राणायाम करें। इस प्रकार तीन मिनट से प्रारम्भ करके 10 मिनट किया जा सकता है। हृदय की शिराओं में आए हुए अवरोध (ब्लोकेज) खुल जाते हैं। सम्पूर्ण नाड़ियों के शुद्ध होने से देह पूर्ण स्वस्थ कान्तिमय एवं बलिष्ठ बनती है।

पंचम प्रक्रिया : भ्रामरी प्राणायाम

श्वास पूरा अन्दर भरकर मध्यमा अँगुलियों से नासिका के मूल में आँख के पास दोनों और से थोड़ा दबाएँ, मन को केन्द्रित रखें। अँगूठों के द्वारा दोनों कानों को पूरा बन्द कर लें। अब भ्रमर की भाँति गुंजन करते हुए नाद रूप में ओऊम का उच्चारण करते हुए श्वास को बाहर छोड़ें। इस तरह प्राणायाम कम से कम तीन बार अवश्य करें।

षष्ठ प्रक्रिया : ओंकार जप

श्वास-प्रश्वास पर अपने मन को टिकाकर प्राण के साथ उद्‌गीथ 'ओऊम' का ध्यान करें। श्वास की गति इतनी सूक्ष्म होनी चाहिए कि स्वयं को भी श्वास की ध्वनि की अनुभूति न हो। अभ्यास बढ़ाकर प्रयास करें कि एक मिनट में एक श्वास तथा एक प्रश्वास चले। सोते समय भी इस प्रकार ध्यान करते हुए सोना चाहिए। निद्रा शीघ्र आएगी व प्रगाढ़ रहेगी।

सप्तम प्रक्रिया : नाड़ी शोधन प्राणायाम

अनुलोम-विलोम की भाँति दाईं नासिका को बन्द करके बाईं नासिका से श्वास को अति शनैः-शनैः अन्दर भरना चाहिए। पूरा श्वास अन्दर भरने पर प्राण को यथाशक्ति अन्दर ही रोककर मूलबन्ध व जालन्धर बन्ध लगाना चाहिए। फिर जालन्धर बन्ध हटाकर श्वास को अत्यन्त धीमी गति से दाईं नासिका से बाहर छोड़ना चाहिए। पूरा श्वास बाहर होने पर दाएँ स्वर से श्वास को धीरे-धीरे अन्दर भरकर अन्तकुम्भक करें, यथाशक्ति अन्दर ही प्राण को रोककर फिर बाएँ स्वर से श्वास को धीरे-धीरे बाहर निकाल दें। इस प्रकार एक चक्र पूरा हो जाता है।

इस प्रक्रिया को नासिकाओं पर बिना हाथ लगाए मानसिक एकाग्रता से किया जाए तो अधिक लाभप्रद है। इस प्राणायाम को एक से लेकर कम से कम तीन बार तक अवश्य ही करना चाहिए। यह प्राणायाम अत्यधिक धीमी गति से करना चाहिए।

प्राणायाम से रोग प्रतिरोधक क्षमता का विकास होता है। अनेक बीमारियों से दूर रहने में मदद मिलती है। स्थूल व सूक्ष्म देह के समस्त रोग, काम, क्रोध, लोभ, मोह व अहंकार आदि दोष नष्ट होते हैं। नकारात्मक विचार समाप्त होते हैं। सकारात्मक विचार, चिन्तन व उत्साह उत्पन्न होते हैं। प्रारम्भ में प्रशिक्षित शिक्षक की मदद लेनी चाहिए। स्वामी रामदेव द्वारा आयोज्य शिविरों व टी.वी पर प्रसारित कार्यक्रम एवं पुस्तकों से भी पूरी जानकारी प्राप्त करके अभ्यास करना चाहिए।

27

तनाव से बचा जा सकता है

आज हर व्यक्ति तनावयुक्त है। थका देने वाली दिनचर्या, गलाकाट प्रतिस्पर्धा, आगे बढ़ने की चाह, बहुत अधिक कार्य का दबाव और असुरक्षा की भावना ये सभी तनाव को बढ़ाने वाले कारक हैं।

तनाव से बचना सिर्फ मानसिक शांति ही प्रदान नहीं करता है, बल्कि जीवनरक्षक भी है। लगातार तनाव अपने साथ कई दुष्प्रभाव भी लाता है। तनाव से शरीर की प्रतिरक्षा प्रणाली के कमजोर होने से व्यक्ति के बीमार होने की सम्भावना बढ़ जाती है। अस्थमा, अनिद्रा, पेट में अल्सर भी हो सकते हैं। तनाव महिलाओं की प्रजनन क्षमता और व्यक्ति की याद रखने की क्षमता पर प्रतिकूल प्रभाव डालता है। सबसे बुरा प्रभाव हमारे हृदय पर होता है जिससे हृदयाघात (Heart Attack) की आशंका बढ़ जाती है। तनाव दूर करने के कुछ आसान तरीके रोजमर्रा के कार्य करते हुए प्रयोग किए जा सकते हैं।

1. **हँसना**–हँसना तनावमुक्त होने का सबसे अच्छा साधन है। हमेशा अपने साथ कोइ चुटकुलों की किताब या ऐसी कोई चीज रखें जो आपको हँसाए रखे। यदि समय मिले तो कोई कॉमेडी सीरियल या हास्य फिल्म देखें। अनुसन्धानों से सिद्ध हुआ है कि हँसने से तनाव हारमोन का स्तर घटता है, और शरीर की रोग प्रतिरोधक क्षमता बढ़ती है।
2. **संगीत**–जब आपको लगे कि कार्य कुछ थका देने वाला है, तो कुछ मधुर संगीत सुनिए। मधुर संगीत तनावमुक्ति का बहुत अच्छा साधन है। संगीत सुनने से मानसिक शांति का अनुभव होता है, हृदय गति नियन्त्रण में रहती है, रक्तचाप कम होता है।
3. **पैदल चलें**–रोज पैदल चलने से व्यक्ति स्वस्थ महसूस करता है और नींद भी अच्छी आती है। पैदल चलने से हृदय स्वस्थ रहता है और रक्त में कोलेस्ट्रोल का स्तर भी घटता है।
4. **योगासन**–योगासन से शरीर की रोग प्रतिरोधक क्षमता बढ़ती है, हृदय स्वस्थ रहता है, तनाव घटता है, अनिद्रा दूर होती है। परन्तु पहले किसी योग प्रशिक्षक से अवश्य सलाह लें।
5. **मेल-मिलाप**–ऐसा मौका न चूकें जब आप अपनों से और मित्रों से मिल सकें। तब हम प्रसन्न होते हैं और अच्छा महसूस करते हैं।
6. **अच्छी नींद**–अच्छी नींद लें क्योंकि आप दिनभर जिस तरह कार्य करने वाले हैं वह आपकी रात की नींद की मात्रा से निर्धारित होता है। कम से कम 6 घण्टे नींद अवश्य लें।
7. **आशावादी बनें**–निराशावादी विचारों को छोड़कर आशावादी बनें। आप ऐसे किसी वाक्य या स्लोगन को दुहरा सकते हैं जो आपका मनोबल बढ़ाए।
8. **भावातीत ध्यान**–जब भी आपको समय मिले, तो कुछ भी न करें और आराम करें। अपने दिमाग में कोई विचार न आने दें और अपने मन को शान्त करने की कोशिश करें।
9. **गहरी साँस**–अपनी साँस लेने की गति धीमा करें।
10. **सैर-सपाटा**–किसी पर्यटन स्थल पर घूमने में समय बिताएँ।

ये तनाव दूर करने के कुछ सरल तरीके हैं। आपको ये सारे प्रयोग एक साथ करने की जरूरत नहीं है। कुछ को चुनिए। कोई तरीका दूसरे से अच्छा सिद्ध हो सकता है।

हास्यमेव जयते

हास्य की उपयोगिता सदैव रही है। उन्मुक्त हँसी से मनुष्य में स्फूर्ति एवं जीवन्तता की वृद्धि होती है। शोधकर्ताओं का दावा है कि एक अच्छी जोरदार हँसी सबसे बढ़िया टॉनिक का काम करती है। इससे रोधीतन्त्र मजबूत होता है व मानसिक तनाव में कमी आती है। हँसी से कई गम्भीर बीमारियों के रोगियों को फायदा होता है। आइए देखें, हँसी के फायदे विस्तार से—

हँसी ईश्वर द्वारा प्रदत्त है और रक्तचाप, माइग्रेन, मधुमेह, बदनदर्द, ह्रदयाघात आदि व्याधियों से आपको बचाने में मदद करती है।

हँसने से शरीर में निष्क्रिय हुई विभिन्न ग्रन्थियाँ पुनः क्रियाशील होकर बीमारियों के निदान में सहायक होती हैं।

हँसी जो कि प्राकृतिक हो या बनावटी एक ऐसी क्रिया है जो मनुष्य को दोनों अवस्थाओं में एक सा लाभ देती है। हँसी किसी भी स्थान पर सामूहिक तौर से की जा सकती है।

हँसी मानव शरीर के लिए सर्वोत्तम व्यायाम है। एक किलोमीटर दौड़ने से जितना व्यायाम होता है, उतना ही पाँच मिनट खुलकर हँसने से लाभ मिलता है।

हँसता हुआ चेहरा सबको अच्छा लगता है, स्वयं तो प्रसन्नचित्त रहते ही हैं पर, देखने वालों का मन भी प्रसन्नता से भर जाता है।

हँसी जिन्दगी का वैभव है, आनन्द जीवन का ऐश्वर्य है, मुस्कराना जिन्दगी की सम्पदा है, क्यों नहीं हम अपने स्वास्थ्य के प्रति आज से ही सतर्क होकर अपने स्वास्थ्य के लिए कुछ समय निकालकर अपने दिन का हास्य से आरम्भ करें एवं अपने स्वास्थ्य को सुदृढ़, निर्मल, आनन्दमय तथा निरोगमय बनाएँ।

हँसिए, हँसाइए, जीवन सुखमय बनाइए।

आर्थिक एवं सामाजिक कल्याण

28

बुजुर्गों के कल्याण की योजनाएँ

केन्द्र और राज्य सरकारों तथा अर्द्धशासकीय संस्थाओं/बैंकों द्वारा वरिष्ठ नागरिकों को प्रमुख नागरिकों का दर्जा दिया गया है और उन्हें कई तरह की विशेष सुविधाएँ प्रदान की गई हैं, ताकि वरिष्ठ नागरिक सुख-सुविधापूर्वक व सार्थक जीवन जी सकें। लेकिन यह पाया गया है कि वरिष्ठ नागरिकों के एक बड़े वर्ग को इन सुविधाओं व राहतों के बारे में पूर्ण जानकारी नहीं होती है। वरिष्ठ नागरिकों से सम्बन्धित सामाजिक, आर्थिक व चिकित्सकीय समस्याओं की जानकारियों से अवगत कराना जरूरी है। वरिष्ठ नागरिकों की सहायता, मार्गदर्शन व सेवा के लिए एक अलग मंच की आवश्यकता भी हर क्षेत्र में महसूस हो रही है, जहाँ वे अपनी समस्याओं का, अपने अनुभवों का खुले दिल से आदान-प्रदान कर सकें। केन्द्रीय सरकार एवं राज्य सरकारों ने बुजुर्गों के लिए कल्याण की अनेक योजनाएँ आरम्भ की हैं।

अलग-अलग राज्य सरकारें अपने साधनों के अनुरूप योजनाएँ चलाती हैं। सामाजिक न्याय और अधिकारिता मन्त्रालय ने भारत के मुख्य न्यायाधीश से गुजारिश की है कि वह बुजुर्गों से सम्बन्धित मुकदमों का प्राथमिकता से निपटारा करें। केन्द्रीय ग्रामीण विकास मन्त्रालय द्वारा 65 वर्ष

से अधिक उम्र के निराश्रित लोगों के लिए 400 रुपए महीने की पेन्शन दी जाती है। इस योजना में पेन्शन स्थानीय निकाय से सम्पर्क कर प्राप्त की जा सकती है।

आयकर–आयकर रिटर्न भरने के लिए अलग खिड़की का प्रावधान है। उनके कर की मौके पर ही मूल्यांकन की व्यवस्था है। सम्पत्ति कर के लिए दिल्ली नगर निगम ने वरिष्ठ नागरिकों के लिए पृथक खिड़की की व्यवस्था की है। सीनियर सिटीजन के लिए आयु 65 वर्ष निर्धारित की गई है। वर्तमान नियमों के अनुसार जिस सीनियर सिटीजन की आय सालाना 1,85,000 (एक लाख पच्चासी हजार रु.) से ज्यादा हो उसे रिटर्न फाइल करना जरूरी है। पूर्व में जायदाद, मोटरकार, बिजली का भुगतान, विदेश यात्रा, क्रेडिट कार्ड, क्लब की सदस्यता के आधार पर जो रिटर्न फाइल करना पड़ता था, उस आधार पर अब रिटर्न फाइल करने की आवश्यकता नहीं है। धारा 80 डी के अन्तर्गत सामान्य करदाता को मेडीकल इंश्योरेन्स प्रीमियम चेक से भरने पर 10 हजार रु. तक छूट आय में से मिलती है और वही राशि सीनियर सिटीजन के लिए अदा की गई हो तो छूट की राशि 15000 रुपए तक होती है।

पेन्शन का सहारा है

मेरे पड़ोस में एक वृद्ध सज्जन रहते हैं। उनके चार बेटे हैं। वृद्ध ने चारों को पाल-पोसकर जमीन-जायदाद देकर खाने-कमाने लायक बना दिया है। साथ ही अपना हिस्सा भी बेटों को ही दे दिया पर आज उन वृद्ध की दशा दयनीय हो गई है। सभी बेटे अलग-अलग रहने लगे हैं। बूढ़े को कोई नहीं पूछता। वे इस अवस्था में "वृद्धावस्था पेन्शन" की सहायता राशि से अपना गुजर-बसर कर रहे हैं। बेटों को उनकी परवाह नहीं। वृद्ध को इस दशा में देख मन क्षोभ से भर जाता है। परिवार का मुखिया जिसने परिवार को सम्बल दिया था, उसके पुण्य कर्मों का ऐसा फल! एक पिता जब चार पुत्रों को पाल सकता है, तो चार पुत्र एक पिता की जिम्मेदारी नहीं ले सकते? यह हमारा समाज इतना कर्तव्यहीन क्यों हो गया है?

किसी भी सीनियर सिटीजन की आय, ब्याज, डिविडेंड आदि पर अगर टीडीएस काटा जा रहा हो तो उसके लिए फार्म 15 एच देने पर कोई टीडीस नहीं काटा जाएगा। उसके लिए फार्म आय मिलने से पहले या मिलने के समय देना जरूरी है। आयकर की धारा 80 सी के अन्तर्गत कुछ निर्धारित निवेश अगर किए जाएँ तो निवेश की राशि या एक लाख रुपए (जो भी कम है) कुल आय में से

कम हो जाएँगे। निवेश के उदाहरण जैसे राष्ट्रीय बचत पत्र, पी.एफ., जीवन बीमा, गृह ऋण के पुनर्भुगतान, फिक्स्स डिपोजिट, यू.टी.आई. आदि।

वित्तीय सुविधाएँ—महाराष्ट्र में वरिष्ठ नागरिकों को प्रोफेशनल टैक्स में मुक्ति दे दी गई है। कई कोऑपरेटिव व पब्लिक तथा प्राइवेट सेक्टर के बैंक वरिष्ठ नागरिकों को उनके द्वारा जमा की गई धनराशि पर अधिक ब्याज देते हैं। वरिष्ठ नागरिकों के लिए पोस्टल जमाओं पर दिए जाने वाले ब्याज की दर बढ़ाकर 9 प्रतिशत कर दी गई है। वरिष्ठ नागरिकों के लिए बचत योजना जो 2004 में शुरू की गई थी उसमें एक महत्वपूर्ण सुधार किया गया है जिसके अनुसार बैंकों या पोस्ट ऑफिस का कोई भी खाता एक स्थान से दूसरे स्थान पर ट्रान्सफर किया जा सकता है। चाहे व्यक्ति के पते में कोई परिवर्तन न भी हो, (इसके पूर्व पते के परिवर्तन पर ही यह सम्भव था)। इस सुविधा के कारण अब व्यक्ति अपनी सुविधानुसार किसी भी बैंक या पोस्ट ऑफिस में अपनी जमा राशि ट्रान्सफर करवा सकता है। इस प्रकार के ट्रान्सफर के लिए नाम मात्र की फीस निर्धारित की गई है जो कि पहले एक लाख के लिए 5 रुपए व फिर प्रति 1 लाख के लिए 10 रुपए है। नेशनल हाउसिंग बैंक द्वारा वरिष्ठ नागरिक को स्वयं के घर में रहने पर उसी घर के लिए 2 से 5 हजार रुपए तक मासिक राशि बिना ब्याज कर्ज में देने की सुविधा मिल सकती है।

चिकित्सकीय मदद—केन्द्र व राज्य सरकार तथा कुछ कम्पनियाँ भी अपने वरिष्ठ कर्मचारियों को सेवानिवृत्ति के बाद भी चिकित्सा व मेडीकल सुविधा देती हैं। वरिष्ठ नागरिक 80 वर्ष तक की उम्र तक जनरल इंश्योरेंस कम्पनियों से मेडीकल इंश्योरेंस प्राप्त कर सकते हैं। कुछ पब्लिक अस्पतालों द्वारा वरिष्ठ नागरिकों के लिए मुफ्त या रियायती दर पर डॉक्टरी जाँच व चिकित्सा करवाने की सुविधाएँ भी दी जा रही हैं। विभिन्न सामाजिक संस्थाओं द्वारा वरिष्ठ नागरिकों के लिए समय-समय पर विशेष मेडीकल कैम्प लगाए जाते हैं जिनका लाभ वृद्ध नागरिक उठा सकते हैं।

बुजुर्गों के लिए अस्पताल में अलग ओपीडी तथा अलग पंक्ति का प्रावधान किया है। चिकित्सा पाठ्यक्रम में जेयरोटिक्स (वृद्धों से सम्बन्धित रोग विज्ञान) का एमडी कोर्स शुरू किया गया है तथा अस्पतालों में इसकी ओपीडी भी चलने लगी है।

दवाओं/इलाज पर खर्च में छूट—कोई भी करदाता अगर अपने ऊपर या अपने परिवार के किसी सदस्य पर जो कि उस करदाता पर पूर्ण रूप से निर्भर है, दवा तथा इलाज के लिए विशेषकर ऐसे रोग जो कि कानून के प्रावधान 11 डी में

बताए हुए हैं जैसे कि कैंसर, एड्स, पार्किसन्स आदि उनके लिए अगर खर्च करता है तो खर्च की गई रकम या 40 हजार रुपए जो भी कम रकम हो उसमें छूट मिलती है। यही रकम अगर किसी सीनियर सिटीजन पर खर्च हुई हो तो 60 हजार की छूट का प्रावधान है।

यात्रा में छूट—साठ वर्ष से ऊपर की महिला और 65 वर्ष से ऊपर के पुरुषों को सभी रेलों की सभी श्रेणियों के किराए में 30 प्रतिशत की छूट प्रदान की जाती है। आरक्षण के लिए भी अलग काउण्टर की व्यवस्था है। विमानों में 65 साल या अधिक आयु के लोगों के मूल भाड़े में 50 प्रतिशत की छूट दी जाती है। सरकारी व निजी दोनों विमान सेवाओं में यह छूट दी जाती है। वरिष्ठ नागरिकों को बिना बारी के टेलिफोन कनेक्शन दिए जाने का प्रावधान है।

भरण पोषण का अधिकार—दण्ड प्रक्रिया की धारा 125 के तहत आश्रितों को भरण-पोषण दिलाए जाने की व्यवस्था है। आश्रितों में वृद्ध माता-पिता भी आते हैं। इस धारा के अन्तर्गत 500 रुपए महीने तक के भरण-पोषण की व्यवस्था थी, लेकिन गत वर्ष अधिनियम में किए गए संशोधन से राज्य सरकारों को भरण-पोषण राशि की सीमा निर्धारित करने का अधिकार दे दिया गया है। वृद्ध माता-पिता ''माइनेरिटी एंड वार्ड अधिनियम'' की धारा 18 के तहत भी अपने बच्चों से भरण-पोषण प्राप्त कर सकते हैं। इस अधिनियम में भरण-पोषण राशि की कोई सीमा निर्धारित नहीं की गई है। ''हिन्दू ऐडोप्शन एंड मेंटीनेंस एक्ट 1956'' के अनुसार बेटे-बेटियों को असहाय माता-पिता के भरण-पोषण के लिए हर माह पैसा देना होगा। इस रकम की कोई अधिकतम सीमा नहीं है। जिस तरह बच्चे अपने माता-पिता की सम्पत्ति पर अधिकार जताते हैं, उसी तरह अपने बच्चों से उपेक्षित माता-पिता इस कानून की मदद से अपने खर्च का अधिकार का दावा कर सकते हैं।

माता-पिता की सेवा नहीं, तो सज़ा

माता-पिता के जीवन की संध्या बेला में देखभाल नहीं करने वाले बच्चों को अब तीन माह तक जेल जाना पड़ सकता है। इतना ही नहीं वे इस सजा के खिलाफ अपील भी नहीं कर पाएँगे। ये प्रावधान मेंटेनेंस एंड वेलफेयर ऑफ पैरेंट्स एंड सीनियर सिटीजन्स एक्ट-2007 में किए गए हैं। इसके तहत अनिवार्य है कि बच्चे व रिश्तेदार अपने पालकों या बुजुर्ग रिश्तेदारों की देखभाल अच्छी तरह से करें। बुजुर्गों की सुनवाई के लिए हर जिले में ट्रिब्यूनल स्थापित किए जाएँगे, जहाँ वे अपनी शिकायत दर्ज करा सकेंगे।

बिल के अनुसार बुजुर्ग अपनी सम्पत्ति बच्चों के नाम कराने के बाद वापस ले सकते हैं। इस दौर में यह कानून बुजुर्गों के लिए काफी मददगार साबित हो सकता है। यह कानून उन लोगों के लिए बाध्यकारी है, जो बुजुर्गों की सम्पत्तियाँ विरासत में लेते हैं। इसमें वृद्धाश्रम बनाने का प्रस्ताव भी शामिल किया गया है। इसमें सीनियर सिटीजन का मतलब 60 साल से ऊपर का व्यक्ति होगा।

आवास की व्यवस्था—कई धर्मार्थ संस्थाओं द्वारा वरिष्ठ नागरिकों के रहने के लिए पूर्णतः मुफ्त या फिर रियायती दरों पर आवास सुविधाएँ दी जा रही हैं। वृद्धाश्रम या वृद्धों के लिए घर निर्माण किए गए हैं। यहाँ वरिष्ठ नागरिकों को रहन-सहन, भोजन, मनोरजंन, पुस्तकालय, सामाजिक व आध्यात्मिक सानुकूल वातावरण पैदा हो ऐसी सुविधाएँ प्रदान की गई हैं। कुछ ऐसे विशेष वृद्धाश्रम या वृद्धों के घर भी उपलब्ध है जहाँ कि मरणासन्न वृद्धों को शरण दी जाती है। महाराष्ट्र सरकार ने तो तहसील व जिले स्तर पर भी मुफ्त या रियायती दरों पर घर/आवास या आश्रमों की व्यवस्था की है।

बेघर

वह बूढ़ा एक सस्ते से ढाबे में बैठा तन्दूरी रोटी खा रहा था। खा क्या रहा था– बस निगल रहा था। एक युवक उसके सामने की बेंच पर बैठा खाना आने का इन्तजार कर रहा था। बूढ़े को पहचान कर उसने आश्चर्य से पूछा– "आप ढाबे में खाना खा रहे है?"

बूढ़ा थोड़ा हड़बड़ाया और सहमते हुए उत्तर दिया, "हाँ।"

"पर .... पर आपके तो घर है। भरा-पूरा परिवार है?" युवक ने कहा।

"हाँ...... हाँ..... है...... तो ...... पर" बूढ़ा सोच में डूब गया।

"फिर आप ऐसे ढाबे में खाना क्यों खाते हैं?" युवक ने पूछा, "कहते हैं घर स्वर्ग होता है और घर का खाना अमृत।"

"हाँ........ हाँ...... होता है..... होता है...... " कहते हुए बूढ़ा खयालों में खो गया। अन्तस-वेदना चेहरे पर उभर आई और उसकी एक आँख से स्वर्ग और दूसरी से अमृत झर-झर झर रहा था।

29

महिला कल्याण

आमतौर पर देखा जाता है कि महिलाओं को अपने अधिकारों की जानकारी नहीं होने के कारण उनका शोषण किया जाता है और कई मामलों में वह अधिकारों व कानूनों की जानकारी के अभाव में किसी राशि या सम्पत्ति पर अधिकार होते हुए भी उसे प्राप्त नहीं कर पाती। यहाँ पर महिलाओं के हितों को देखते हुए महिलाओं के अधिकारों की संक्षिप्त जानकारी दी जा रही है–

- **हिन्दू महिलाओं को संयुक्त परिवार में हक :** सामाजिक सुधार और हिन्दू महिलाओं को पूर्ण अधिकार दिलाने की दिशा में एक नया अधिनियम जिसका नाम है "हिन्दू उत्तराधिकार (संशोधन) अधिनियम 2005 पारित किया गया है। यह विज्ञप्ति संख्या 1248 ई. द्वारा 9.9.2005 से लागू कर दिया गया है। इस विधेयक में हिन्दू महिलाओं को पुरुषों के बराबर पूर्ण अधिकार दिया गया है।

एडजस्टमेंट

शादी करके ढेर सारे सपने, अरमान, उम्मीदें ओर नई गृहस्थी को सजाने-सँवारने का उत्साह लेकर वह ससुराल आई थी। दूसरे दिन पति ने समझाया, माँ ने बड़े चाव व परिश्रम से गृहस्थी बसाई है, हस्तक्षेप करने की आवश्यकता नहीं है। माँ के बाद जैसे चाहो, राज करना। एडजस्ट नहीं करोगी, तो कलह ही होगी।

बेटा हुआ और उसी को लेकर अरमानों की दुनिया सँजोने लगी। विवाह के चौबीस वर्ष बाद पति और छब्बीस वर्ष बाद सास का देहान्त हो गया। बेटे को फौज में कमीशन मिला। फिर उसका विवाह कर दिया, पूरी दुनिया के सुख और सन्तोष की कामना के साथ। एक दिन बेटे ने कहा, "आपने अपने तरीके से इतने वर्ष जी लिये। अब उसे अपने तरीके से गृहस्थी चलाने दो। माँ एडजस्ट नहीं करोगी, तो कलह ही होगी ना....... ।"

- **हिन्दू महिला संयुक्त परिवार में जन्म से ही सहभागी :** नए संशोधित कानून से हिन्दू उत्तराधिकार कानून 1956 की धारा 6 के स्थान पर एक नई धारा स्थानापन्न की गई है जिसके अनुसार 9 सितम्बर 2005 से हर हिन्दू पुत्री के जन्म से ही संयुक्त परिवार में पुत्र के बराबर भागीदारी गिनी जाएगी। उसे संयुक्त परिवार की सम्पत्ति में पुत्र के बराबर अधिकार रहेगा। इसके साथ-साथ पुत्र के बराबर ही उस सम्पत्ति में जो देनदारियाँ होंगी उनमें भी वह सहभागी गिनी जाएगी।
- **मृत्यु पर उसके हिस्से का उत्तराधिकार उसकी इच्छा के अनुसार :** हिन्दू महिला को संयुक्त परिवार की सम्पत्ति में अपने हिस्से को अपनी वसीयत के अनुसार बाँटने का पूरा हक रहेगा।
- **हिन्दू महिला को मकान विभाजन का अधिकार :** हिन्दू उत्तराधिकार कानून 1956 की धारा 23 अब रद्द कर दी गई है। हिन्दू महिला ऐसे परिवार के रिहायशी मकान का विभाजन माँग सकती है जिसमें उसे अपने पिता की मृत्यु पर कोई हक प्राप्त हुआ हो।
- **कृषि भूमि पर विभाजन हिन्दू महिला द्वारा सम्भव :** हिन्दू उत्तराधिकार अधिनियम 1956 की धारा 4(2) समाप्त कर दी गई है जिसका असर यह होगा कि 9 सितम्बर 2005 में यदि हिन्दू महिलाओं को कृषि भूमि में उत्तराधिकार के रूप में कोई हक मिलेगा तो उसे कृषि भूमि के विभाजन का पूरा हक रहेगा, जैसा कि एक पुत्र को रहता है।

बँटवारा

डॉक्टर लाहौटी की मृत्यु के उपरान्त उनके दोनों बेटों में जायदाद को लेकर विवाद हो गया। रिश्तेदारों व अन्य लोगों के अथक प्रयासों के पश्चात् भी समस्या का हल नहीं निकल सका। तब श्रीमती लाहौटी ने दोनों बेटों से कहा, "चलो, महात्माजी के पास चलते हैं। उनके सामने पूरी बात रख देंगे। फिर जैसा वह कहेंगे, हम सभी स्वीकार कर लेंगे।"

दोनों बेटों ने माँ की बात स्वीकार कर ली और सभी मिलकर महात्माजी के आश्रम पहुँचे। पर महात्मा जी वहाँ नहीं मिले। पूछने पर एक शिष्य ने बताया, "महात्मा जी और एक अन्य साधु के बीच आश्रम की सम्पत्ति को लेकर काफी समय से विवाद चल रहा है। महात्मा जी आज कोर्ट में पेशी है, वहीं गए हैं।"

- **हिन्दू विवाह अधिनियम :** कोई भी महिला भारतीय दण्ड प्रक्रिया संहिता की धारा 125 के अन्तर्गत भरण-पोषण की माँग कर सकती है। हिन्दू विवाह अधिनियम 1955 की धारा 25 के अनुसार भी आवेदन करने पर न्यायालय स्थायी भरण-पोषण दिला सकता है। दाम्पत्य विवादों के मामले में वादकालीन भरण-पोषण अथवा अन्तरिम भरण-पोषण दिलाने की व्यवस्था भी कानून में है।
- **प्रसूति प्रसुविधा अधिनियम :** कामकाजी महिलाओं को प्रसव तथा नवजात शिशु की देखभाल के लिए सवैतनिक अवकाश और अन्य सुविधाएँ प्रदान करने के लिए प्रसूति प्रसुविधा अधिनियम प्रभावी है। यह अवकाश व सुविधाएँ केवल दो बच्चों पर ही मिलती हैं। गर्भपात होने पर भी अवकाश दिए जाने का प्रावधान अधिनियम में है।
- **विशेष विवाह अधिनियम :** विशेष विवाह अधिनियम 1954 के प्रावधानों के अनुसार स्वस्थ मस्तिष्क महिलाएँ जो 18 वर्ष की आयु पूरी कर चुकी हैं, अपनी इच्छा से प्रेम विवाह अथवा अन्तरजातीय विवाह कर सकती है। इस प्रकार के विवाह का पंजीकरण कराना आवश्यक होता है और जिस पुरुष से विवाह किया जाए वह 21 वर्ष से अधिक का स्वस्थ मस्तिष्क वाला होना आवश्यक है। किसी के भी पूर्व में पति अथवा पत्नी जीवित नहीं होनी चाहिए।
- **हिन्दू विधवाओं को पुनः विवाह पर उत्तराधिकार की सुविधा :** इस नए संशोधन अधिनियम के अनुसार हिन्दू उत्तराधिकार अधिनियम 1956 की धारा 24 को समाप्त कर दिया गया है, जिससे पूर्व दिवंगत पुत्र

या भाई की विधवा को पुनः विवाह पर सम्पत्ति उत्तराधिकार का अधिकार नहीं मिलता था। अब ऐसी विधवा को उसके पुनः विवाह के पश्चात भी अपने पिता या संयुक्त परिवार की सम्पत्ति में पुत्र के बराबर हिस्सा प्राप्त करने का पूरा अधिकार रहेगा।

- **समान मजदूरी अधिनियम :** समान मजदूरी अधिनियम के अनुसार एक जैसे कार्य के लिए महिला एवं पुरुषों को एक समान मजदूरी देने का प्रावधान है। छूट के विशेष प्रावधानों को छोड़कर महिला को रात्रि में कार्य पर नहीं बुलाया जा सकता।
- **दाम्पत्य एवं परिवार सम्बन्धी विवाद :** दाम्पत्य एवं परिवार सम्बन्धी विवादों के एक ही स्थान पर समझौते के साथ निपटारे के लिए पारिवारिक न्यायालय अधिनियम, 1984 लागू है। जिस स्थान पर पारिवारिक न्यायालय का गठन नहीं किया गया है, वहाँ जिला न्यायालय को पारिवारिक न्यायालय का दर्जा दिया गया है।
- **महिला आयोग :** महिला को संवैधानिक और विधिक सुरक्षा व अधिकार दिलाने के लिए 31 जनवरी 1992 से राष्ट्रीय महिला आयोग के केन्द्रीय अधिनियम के अन्तर्गत कार्यरत है और इसके प्रावधानों के अनुसार प्रत्येक राज्य में राज्य महिला आयोग का गठन किया गया है, जहाँ महिलाएँ अपनी शिकायत सरल तरीके से दर्ज करा सकती हैं।
- **बच्चे पर अधिकार :** माँ के रूप में स्त्री को यह कानूनी अधिकार है कि विवाह विच्छेद के मामलों में पाँच वर्ष तक की आयु के बच्चे को वह अपने पास रख सकती है। पाँच वर्ष से अधिक आयु की सन्तान की अभिरक्षा का निर्णय न्यायालय द्वारा किया जाता है।
- **घरेलू हिंसा में महिलाओं को संरक्षण :** घरेलू हिंसा कानून परिवार में किसी भी रूप में साथ रह रही महिला को पारिवारिक, सामाजिक, आर्थिक और शारीरिक संरक्षण प्रदान करता हैं। यह कानून केवल पुरुषों के विरुद्ध लागू होता है। अधिनियम में अन्तरिम आदेश जारी करने, मुआवजा दिलाने, संरक्षण अधिकारियों की नियुक्ति करने, साझे घर में रहने का अधिकार, विधिक एवं चिकित्सकीय सहायता दिलाए जाने की व्यवस्था है।
- **यौन उत्पीड़न रोकने के लिए दिशा-निर्देश :** कामकाजी महिलाओं का कार्यस्थल पर यौन उत्पीड़न रोकने के लिए उच्चतम न्यायालय द्वारा विशेष दिशा-निर्देश जारी किए गए हैं, जो कानूनी रूप से बाध्यकारी हैं

और सभी निजी, सार्वजनिक तथा अन्य संस्थानों में लागू हैं। इस प्रकार के गलत आचरण रोकने की जिम्मेदारी नियोक्ता और कर्मचारी दोनों पर डाली गई है।

- **जिला महिला सहायता समिति :** उच्चतम न्यायालय के निर्देशानुसार महिलाओं को शोषण और उत्पीड़न से बचाने के लिए प्रत्येक जिले में जिला कलक्टर की अध्यक्षता में जिला महिला सहायता समिति का गठन किया गया है। समिति को कोई भी महिला लिखित शिकायत कर सकती है। विधिक व्यवस्था और कानूनी सहायता के लिए कानूनी सलाहकार और स्वयंसेवी संस्था की व्यवस्था भी समिति द्वारा की जाती है।
- **गिरफ्तारी से जुड़े प्रावधान :** महिलाओं को यह विशेषाधिकार है कि उन्हें केवल महिला पुलिस सूर्योदय एवं सूर्यास्त के बीच गिरफ्तार कर सकती है। पूछताछ के लिए उन्हें थाने में नहीं बुलाया जा सकता। ऐसा परिवार के सदस्यों की उपस्थिति में पर्याप्त कारण होने पर किया जा सकता है। गिरफ्तारी के बाद उन्हें केवल महिलाओं के कक्ष में ही रखा जा सकता है।
- **प्रसव पूर्व तकनीक निवारण अधिनियम :** भ्रूण हत्या रोकने के लिए भारतीय दण्ड संहिता की धारा 312 से 318 में प्रावधान है। विशेष रूप से कन्या भ्रूण हत्या रोकने और भ्रूण के लिंग को प्रकट करने की विधि के दुरुपयोग को रोकने के लिए प्रसव पूर्व (निदान) तकनीक (विनिमय और दुरुपयोग) निवारण अधिनियम 1994 पारित किया गया है।
- **चिकित्सकीय गर्भ समापन कानून :** कुछ विशेष परिस्थितियों में महिलाओं को अनचाहे गर्भ से छुटकारा पाने की चिकित्सकीय गर्भ समापन कानून, 1971 के अन्तर्गत अनुमति हैं। विशेषज्ञ चिकित्सक से

अधिकृत चिकित्सा केन्द्र में ही तथा गर्भवती महिला की पूर्व अनुमति से कानूनी प्रावधानों के अनुसार ही गर्भपात कराया जा सकता है।

- **अशिष्ट रूपेण प्रतिरोध अधिनियम :** भारतीय दण्ड संहिता की धारा 292 से 294 में महिलाओं के विरुद्ध अश्लीलता सम्बन्धी अपराधों के बारे में प्रावधान किया गया है। इसी प्रकार विज्ञापनों, प्रकाशन, रेखाचित्रों आदि के माध्यम से महिलाओं के अशिष्ट रूपेण प्रतिरोध अधिनियम 1987 के द्वारा बिना वारण्ट गिरफ्तारी सहित कई दण्ड के प्रावधान किए गए है।
- **बाल-विवाह अवरोधक अधिनियम :** बाल-विवाह की कुरीति दूर करने के लिए बाल-विवाह अवरोधक अधिनियम (शारदा एक्ट) 1978 में व्यापक संशोधन किए गए हैं। इसमें विवाह के समय लड़की की आयु 18 वर्ष और लड़के की 21 वर्ष से कम होने पर दण्ड का प्रावधान किया गया है। यह अधिनियम हर सम्प्रदाय और वर्ग पर समान रूप से लागू होता है।
- **दहेज प्रतिरोध अधिनियम :** दहेज प्रथा पर रोक लगाने के लिए दहेज माँगना और लेना दण्डनीय है। इस कानून को ज्यादा प्रभावी बनाने के लिए भारतीय दण्ड संहिता में दो नई धाराएँ 304ख और 498क जोड़ी गई हैं। साक्ष्य अधिनियम की धारा 113अ और ब भी इसी क़ानून को लागू करने में सहायक है।
- **यौन अपराध के सम्बन्ध में :** यौन अपराध के सम्बन्ध में भारतीय दण्ड संहिता की धारा 375 व 376 में कड़े दाण्डिक प्रावधान किए गए हैं। इस प्रकार के प्रकरणों की सुनवाई न्यायालय द्वारा बन्द कमरे में करने का प्रावधान कानून में है। दण्ड संहिता की धारा 497 के अनुसार कोई महिला व्यभिचार की दोषी नहीं हो सकती है।
- **छेड़छाड़ भी अपराध :** स्त्री की लज्जा भंग करना, हाथ पकड़ना, परिधानों को छेड़ना भारतीय दण्ड संहिता की धारा 354 में दण्डनीय है। छेड़छाड़ के सम्बन्ध में भी भारतीय दण्ड संहिता की धारा 509 के अन्तर्गत पुलिस में रिपोर्ट दर्ज कराई जा सकती है।
- महिला स्वयं के नाम से सम्पत्ति का क्रय-विक्रय कर सकती है और पंजीयन भी करवा सकती है। महिला अपनी सम्पत्ति की वसीयत कर सकती है।
- महिला किसी भी बैंक में स्वयं के नाम से अपना निजी ख़ाता खोल सकती है।
- महिला विवाह के पश्चात् भी अपने विवाह से पूर्व का उपनाम अपने नाम के साथ रख सकती है।
- अविवाहित महिला हिन्दू दत्तक एवं संरक्षकता अधिनियम के तहत किसी

बच्चे को वैधानिक रूप से गोद लेने की कार्यवाही करने में सक्षम है।

- महिलाओं के उच्च शिक्षा एवं व्यावसायिक पाठ्यक्रमों जैसे– चिकित्सा, अभियान्त्रिकी आदि में निश्चित प्रतिशत स्थान सुरक्षित हैं।
- सती प्रथा पर रोक लगाने के लिए हमारे देश में सती निषेध अधिनियम लागू है।
- देह व्यापार पर अंकुश लगाने के लिए वेश्यावृत्ति संशोधन अधिनियम 1986 प्रभावी है।
- विधिक सेवा प्राधिकरण अधिनियम के अनुसार महिला विधिक सहायता पाने की अधिकारी है।
- संविधान के 73वें तथा 74वें संशोधन द्वारा पंचायतीराज संस्थाओं में एक तिहाई पद महिलाओं के लिए आरक्षित किए गए हैं।

सास के घर में बहू का हक नहीं

घरेलू हिंसा कानून के तहत साझा घरबार को परिभाषित करते हुए बम्बई हाईकोर्ट ने कहा है कि बहू अपनी सास के नाम के घर में रहने का कानूनी दावा नहीं कर सकती है। एक बहू सिर्फ अपने पति के नाम के घर में रहने का कानूनी दावा कर सकती हैं। इस फैसले से उन सासों को राहत मिलेगी, जो घर की मालकिन होते हुए भी बेटे व बहू द्वारा प्रताड़ित की जा रही हैं और सभी उनके साथ संयुक्त रूप से रहते हैं।

औरत का कोई घर नहीं होता

बादल गरज रहे थे। बिजलियाँ चमक-कड़क रही थीं। ऐसे मौसम में एक बुढ़िया शहर से बाहर एक चौराहे पर बैठी थी। उदास-हताश। उधर से उसका पड़ोसी गुजरा। बुढ़िया को पहचान कर उसके पास आया। बोला, "माई! यहाँ क्यों बैठी हो? देखो, मौसम बिगड़ रहा है, घर चलो।"

'"घर!" स्वर में तल्खी थी, "किसका घर?"

तुम्हारा घर, जहाँ तुम वर्षों से रह रही हो।" पड़ोसी ने जवाब दिया।

"रहने से कोई घर अपना नहीं हो जाता।" लम्बी साँस छोड़कर बुढ़िया बोली, "मेरा कोई घर नहीं।"

"क्यों? क्यों नहीं है वह घर तुम्हारा?" आश्चर्य से पड़ोसी ने पूछा।

"इसलिए कि पहले वह घर मेरे ससुरजी का था। फिर मेरे पति का हो गया। आज वह मेरे बेटों का है और कल वह मेरे पोतों का हो जाएगा।" उसने आग की लपट सी साँस छोड़ी और बोली, "औरत का कोई घर नहीं होता।"

30

जीवन बीमा और बचत योजनाएँ

व्यक्ति के लिए पैसा कमाने से कहीं ज्यादा महत्वपूर्ण उसे बचाना है। सही बचत और इन्वेस्टमेंट से ही वर्तमान और भविष्य दोनों को सुरक्षित बनाए रखा जा सकता है। युवावस्था में नियमित बचत करने के लाभ–

- समय पर धन की वापसी
- आयकर में छूट का लाभ (नियमों के अन्तर्गत)
- भविष्य की जिम्मेदारियों के वहन हेतु प्रावधान
- मानसिक शान्ति
- परिवार हेतु आर्थिक सुरक्षा
- अनावश्यक खर्चों से मुक्ति
- वृद्धावस्था में आर्थिक सहारा

मनी इन्वेस्टमेंट हम सभी के लिए तकनीकी व उलझन से भरा शब्द है। यदि इसे समझ लेते हैं, तो इन्वेस्टमेंट का तरीका आसान हो जाता है और आप अपनी जिन्दगी बिना समझौता किए आसानी से जी सकते हैं। मनी इन्वेस्टमेंट में बचत, रीयल इस्टेट, सोना-चाँदी, शेयर मार्केट, म्यूचुअल फण्ड, एम.आई.एस., आर.डी. आदि शामिल हैं। इन्वेस्टमेंट के लिए सबसे जरूरी चीज है कि आप अपनी आय, खर्च एवं वर्तमान/भविष्य की जिम्मेदारियों का अध्ययन करें तथा इनको चरणबद्ध रूप में बाँटने के बाद अपनी बचत देखें। बचत आप खर्चों को कम करके या आय को बढ़ाकर भी कर सकते हैं।

आपकी वर्तमान बचत क्या है? इसके लिए आपको अपनी कमाई और खर्चों का आकलन करके वास्तविक बचत देखनी चाहिए। बचत की गणना करने में आपको अपने आपातकाल के खर्चों को अलग कर देना चाहिए। इसके लिए पहले से ही जमा बैंक डिपॉजिट, शेयर, म्यूचुअल फण्ड, इंश्योरेंस और पोस्ट ऑफिस स्कीम आदि में से आपके द्वारा लिये गए व्यक्तिगत, हाउस, कार लोन, क्रेडिट कार्ड के खर्चों को हिसाब में शामिल करना चाहिए।

मात्र पैसे जोड़ते रहना ही बचत नहीं है। आपको भविष्य में इसके बदले रिटर्न भी मिलना चाहिए। वरना समय के साथ महँगाई बढ़ती चली जाएगी और पैसे की वेल्यू उसी अनुपात में नहीं बढ़ेगी।

बचत जिस क्षेत्र में भी करें उसका बाजार में कोई मूल्य जरूर होना चाहिए। कहीं ऐसा न हो कि आप ऐसे क्षेत्र में पैसे का इन्वेस्टमेंट कर दें जहाँ भविष्य में उसका कोई मूल्य ना हो।

इंश्योरेंस में किए गए निवेश को अलग रखें यदि आपने अपनी रिटायरमेंट के बाद की ज़िन्दगी की सुरक्षा के लिए कोई पॉलिसी ले रखी है चाहे वह कोई पेन्शन पॉलिसी, लायबिलिटी इंश्योरेंस या कोई प्रॉपर्टी इंश्योरेंस हो या फिर भविष्य के लिए हेल्थ इंश्योरेंस हो सकता है।

इन्वेस्टमेंट के लिए बाजार में उपलब्ध बैंक, बीमा, पोस्ट ऑफिस आदि में वर्तमान इन्वेस्टमेंट प्लान के बारे में जागरूक रहें। आप म्यूचुअल फण्ड/कैपीटल मार्केट में पैसा लगाकर बचत के साथ अधिक रिटर्न प्राप्त कर सकते हैं।

टैक्स प्लानिंग : अपनी आय पर किस तरह कानूनी रूप से टैक्स की बचत कर सकते हैं। इसकी प्लानिंग करें। टैक्स की बचत आप अपनी आय को परिवारजनों के बीच नियमानुसार बाँटकर, एचयूएफ एकाउंट खोलकर या अन्य प्रचलित तरीकों से कर सकते हैं।

बैंक में एकाउंट होना भी जरूरी है। इसके लिए आप ऐसे बैंक का चयन कर सकते हैं जिसकी सेवाएँ अच्छी हों व जिसका एटीएम आपके घर के नजदीक हो ताकि जरूरत पड़ने पर आसानी से पैसा निकाल लें। अपने प्लान की मॉनिटरिंग करें। प्लान को सही ढंग से इम्पलीमेंट करें। परिस्थिति के साथ-साथ प्लान में बदलाव करते रहें।

जीवन बीमा

"जीवन बीमा" शब्द से हम सभी परिचित हैं। जीवन बीमे का महत्व मनुष्य के सम्पूर्ण जीवन से है। परिवार के दायित्वों का निर्वाह करते-करते अकाल मृत्यु की स्थिति में जीवन बीमा ही स्थायी आय का साधन होता है, वहीं वृद्धावस्था में पेन्शन के रूप में आर्थिक स्वतन्त्रता प्रदान करता है। यह तभी सम्भव है जब व्यक्ति अपने यौवनावस्था में सही समय पर सही पॉलिसी का चयन करते हुए छोटी-छोटी राशि का विनियोजन करे ताकि एक निश्चित अन्तराल के बाद बड़ी राशि का भुगतान सम्भव हो सके। वर्तमान पृष्ठभूमि में जहाँ व्यक्ति की औसत उम्र बढ़ी है जीवन बीमे का महत्व और अधिक हो गया है।

जीवन बीमा मूलरूप से दो प्रकार का होता है– बन्दोबस्ती व आजीवन।

बन्दोबस्ती प्रकार की पॉलिसी में पॉलिसी के चालू रहने की स्थिति में बीमाधन मय लाभ पॉलिसी शर्तों के आधार पर भुगतान निश्चित अवधि पूरी होने पर परिपक्वता दावे के रूप में होता है। यदि निश्चित अवधि के पूर्व ही बीमाधारक की मृत्यु होती है तो सम्पूर्ण बीमाधन मय लाभ पॉलिसी शर्तों के आधार पर भुगतान नामित/उत्तराधिकारी को होता है।

आजीवन (Whole Life) पॉलिसी में पॉलिसी रकम का भुगतान बीमाधारी की मृत्यु के उपरान्त ही नामित/उत्तराधिकारी को होता है। वर्तमान में इस प्रकार की पॉलिसी में भी एक निश्चित अवधि/उम्र पूरा होने पर बीमित व्यक्ति को ही परिपक्वता दावे के रूप में पूर्ण राशि के भुगतान की व्यवस्था की गई है।

आजकल धन वापसी पॉलिसियों का भी चलन बढ़ गया है। इस प्रकार की पॉलिसी में जोखिम के साथ-साथ एक निश्चित अन्तराल के बाद मूल बीमाधन का कुछ अंश बीमित व्यक्ति को अपनी आवश्यकताओं जैसे बच्चों की पढ़ाई, शादी, मकान का निर्माण आदि की पूर्ति हेतु मिलता है।

वृद्धावस्था में मन की शांति बहुत जरूरी है। मन की शांति का सीधा सम्बन्ध आर्थिक स्वतन्त्रता से है। आर्थिक स्वतन्त्रता तभी सम्भव है जब व्यक्ति अपने

ही बलबूते पर अपनी रोजमर्रा की आवश्यकताओं को पूरा करने के लिए स्वयं द्वारा किए गए प्रबन्ध से एक निश्चित आय का प्रावधान करे। इस हेतु पेन्शन पॉलिसियों का चलन बढ़ा है।

नौकरीपेशा लोगों को सेवानिवृत्ति के समय एकमुश्त राशि– पी.एफ., ग्रेच्यूटी, पेन्शन की राशि का भुगतान होता है। इस राशि का सही तरीके से निवेश किया जाए तो भविष्य के लिए अच्छे लाभ के साथ ही निरन्तर आय का स्रोत बन सकता है। 60 वर्ष के पश्चात् भी बीमे की विभिन्न बचत योजनाओं की सुविधा उपलब्ध है जिनमें विनियोजन लाभकारी सिद्ध हो सकता है।

कुछ खास बातें जिन पर ध्यान दिया जाना जरूरी है :

- जीवन बीमा पॉलिसी को सुरक्षित रखने के साथ-साथ परिवार के सदस्यों या नामित व्यक्ति को उनकी जानकारी होना।
- सेवानिवृत्ति के साथ स्थान परिवर्तन होता है तो पते में उचित परिवर्तन करना व आवश्यकता होने पर पॉलिसी को बीमा कम्पनी की निकटतम शाखा में स्थानान्तरित कराना चाहिए।
- नामित व्यक्ति के बारे में सभी पॉलिसियों में जाँच एवं आवश्यक होने पर परिवर्तन कराते हुए बीमा कम्पनी के अभिलेख में पंजीकरण कराना।
- यदि पॉलिसी की किस्तों का भुगतान सेवाकाल में वेतन से सीधा ही हो रहा हो तो सेवानिवृत्ति पश्चात् किस्तें भरने की विधि में परिवर्तन कराते हुए सभी किस्तों का नियमित भुगतान करना।
- पेन्शन पॉलिसियों में यदि कुछ अंश कम्यूट वैल्यू के रूप में प्राप्त हुआ है और शेष का पेन्शन के रूप में भुगतान होता है तो इस स्थिति में शर्तों के अनुसार पॉलिसी में नामांकन करना चाहिए जिससे मृत्यु पश्चात् पॉलिसी रकम का भुगतान समय पर नामित व्यक्ति को हो सके।
- यदि किसी कारणवश कोई पॉलिसी चालू अवस्था में नहीं हो तो सम्बन्धित कार्यालय से पूर्ण जानकारी लेकर आवश्यक कार्यवाही करें ताकि किसी संभावित नुकसान से बचा जा सके।

पोस्ट ऑफिस की वरिष्ठ नागरिकों के लिए उपयोगी योजनाएँ

क्र.सं.	योजनाएँ	भुगतान	निवेश
1.	वरिष्ठ नागरिक बचत योजना	वार्षिक 9% ब्याज तिमाही भुगतान	अधिकतम निवेश 15 लाख
2.	डाकघर मासिक आय योजना	वार्षिक 8% मासिक भुगतान	एकल खाता 4.5 लाख रु. संयुक्त खाता 9 लाख रु.
3.	5 वर्षीय डाकघर आवर्ती जमा खाता	7.5% वार्षिक तिमाही चक्रवृद्धि	कोई सीमा नहीं 5% बोनस

उदारीकरण और वैश्वीकरण के चलते प्रतिस्पर्धात्मक वातावरण के दौर में सभी सेक्टर विशेष रूप से बैंक, बीमा में सरकारी संस्थाओं/कम्पनियों के साथ-साथ प्राइवेट/विदेशी संस्थाएँ देश में चल रही हैं। इस परिप्रेक्ष्य में वरिष्ठ नागरिकों के लिए बहुत जरूरी हो गया है कि अपनी वर्षों की सँजोयी एवं संचित पूँजी को निवेश करने के पहले खूब सोच-विचार करें। अपने धन का बाजार में प्रचलित विभिन्न योजनाओं में लगाने हेतु आवश्यकता होने पर अच्छी साख वाले वित्तीय सलाहकारों/एजेंटों से परामर्श कर सकते हैं। आजकल विभिन्न प्रकार की बचत योजनाओं में उतार-चढ़ाव अधिक होते हैं। समय-समय पर नियम भी बदलते रहते हैं। अतः पूरी जानकारियों के बाद अपने धन को सबसे सुरक्षित योजना में ही लगाना ठीक रहेगा।

31

वसीयत

क्या है वसीयत?

वसीयत एक गोपनीय व्यक्तिगत, कानूनी दस्तावेज है, जिससे वसीयत करने वाले की मृत्यु से पहले किसी को सम्पत्ति के बँटवारे का पता नहीं रहता। व्यक्ति अपने जीवनकाल में ही अपनी मृत्यु के बाद बच जाने वाली अपनी चल या अचल सम्पत्ति को सन्तानों, सम्बन्धियों, मित्रों आदि के लिए बँटवारे के सम्बन्ध में लिखित या वैधानिक घोषणा करता है। इसमें सम्पत्ति का पूरा विवरण, उसके अर्जित करने का प्रकार व अनुमानित मूल्य लिखा जाता है। उसकी जमीन-जायदाद व जमा-पूँजी का कैसे वितरण हो उसकी व्यवस्था पहले से ही कर सकता है। यदि मृत्यु के बाद आपकी सम्पत्ति आपके इच्छित व्यक्ति को ही मिले, तो आप वसीयत करके इस बात के लिए निश्चिंत हो जाएँ।

लोग क्या कहेंगे?

डॉ. लाहौरी अपनी माँ की डेड बॉडी को अपने घर ले जाना चाहते हैं, पर बड़े भाई साहब ने नहीं ले जाने दिया...और सबके सामने कहा– "जब माँ ने उसके घर जाने की इच्छा व्यक्त की थी, तब तो यह बहाने बना कर चला गया था। अब उनके मृत शरीर को ले जाकर क्या प्रदर्शित करना चाहता है?"

डॉ. लाहौरी जिद पर अड़े रहे, तो बड़े भाई ने हारकर उसे माँ की डेड बॉडी ले जाने की अनुमति दे दी। वह बिना देर किए रात में ही उसे अपने घर लेकर चल दिए। रास्ते में पत्नी ने उनकी इस जिद के बारे में उनसे पूछा, तो डॉ. ने झुँझलाकर कहा– "तुम समझती तो कुछ हो नहीं, सुबह ज्यों ही शहर में माँ की मृत्यु की खबर फैलेगी, तो लोग आएँगे। तीये की बैठक में शहर के प्रतिष्ठित लोग उपस्थित होंगे। भाई साहब का क्या स्टेटस है, उनके घर बैठने की भी तो जगह नहीं है। लोग क्या कहेंगे? लोग हमारे घर एवं क्लीनिक को जानेंगे, मेरी प्रैक्टिस बढ़ेगी।"

वसीयत करने के फायदे

- अपने जीवनकाल में वसीयतकर्ता सम्पत्ति का चाहे जैसे उपयोग व व्यय कर सकता है। ऐसा नहीं है कि वसीयत करते ही सम्पत्ति पर उसका अधिकार नहीं रहेगा।
- जीवनकाल में लिखे चन्द शब्द यह सुनिश्चित कर सकते हैं कि अपनी जीवनभर की पूँजी व सम्पत्ति सही उत्तराधिकारी तक पहुँचे।
- मृत्यु के बाद व्यक्ति की जमीन-जायदाद व प्रॉपर्टी के वितरण के बारे में किसी तरह का विवाद या झगड़ा पैदा न हो व मृतक की प्रॉपर्टी का शान्तिपूर्ण रूप से सम्बन्धित व्यक्तियों को ट्रान्सफर हो जाए।

वसीयत किस प्रकार बनाएँ

आप अपनी वसीयत स्वयं लिख सकते हैं। जिसको आप वसीयत में शामिल करना चाहते हैं उसका नाम व पूरा पता वसीयत में अवश्य लिखें। सम्पत्ति का भी पूरा ब्यौरा दें। किसी विश्वासपात्र व्यक्ति या वकील की सहायता भी ली जा सकती है। पति-पत्नी चाहें तो संयुक्त रूप से भी वसीयत कर सकते हैं। वसीयत में किसी भी प्रकार की काँट-छाँट नहीं होनी चाहिए। यदि सुधार किया गया है तो हस्ताक्षर अवश्य करें।

वसीयतनामा स्याही में हस्तलिखित तैयार किया जा सकता है। किन्तु इसे टाईप करना ठीक रहेगा। वसीयतनामा किसी स्टेम्प पेपर पर बनाने की आवश्यकता नहीं है। इसे किसी कानून के अन्तर्गत दर्ज या रजिस्टर करवाना भी जरूरी नहीं है। किन्तु अगर वसीयत को कोर्ट में रजिस्टर करवा दिया जाए तो उसे अधिक सुरक्षित माना जाता है। न्यायालय द्वारा प्रमाणित प्रति को "प्रोबेट" कहा जाता है।

- रजिस्टर्ड की हुई वसीयत के साथ कोई गोलमाल या अनधिकृत परिवर्तन किए जाने का डर नहीं रहेगा। इसके नष्ट होने का डर भी नहीं रहेगा। वसीयत की गोपनीयता भी अक्षुण्ण बनी रहेगी। वसीयत बनाने वाले की अनुमति के बिना कोई भी व्यक्ति इसका निरीक्षण नहीं कर सकता। सिर्फ उस व्यक्ति की लिखित मर्जी से ही या उसकी मृत्युपरान्त ही वसीयत का पठन व निरीक्षण किया जा सकता है।
- वसीयत किसी वकील द्वारा तैयार किया जाए या किसी लेखापाल या चार्टर्ड एकाउन्टेंट द्वारा जाँच लिया जाए तो बेहतर होगा।

❖ बिना रजिस्ट्रेशन के वसीयत करनी हो, तो उसे तीन प्रतियों में तैयार कराना चाहिए, जिसमें से एक प्रति अपनी इच्छानुसार सुरक्षित स्थान पर, दूसरी अपने पास तथा तीसरी लिफाफे में सील करके किसी विश्वासपात्र को देनी चाहिए, जो वसीयत करने वाले की मृत्यु के पश्चात् उसके परिजनों के सामने खोलेगा।

❖ निश्चित राशि की जगह अपनी मिल्कियत को प्रतिशत के रूप में वितरित करने का प्रावधान करना श्रेयस्कर है, जिससे कि कीमत में होने वाले उतार-चढ़ाव का कोई प्रभाव न पड़े।

❖ वसीयत पर कम से कम दो गवाहों के सामने हस्ताक्षर करने चाहिए। इन गवाहों के हस्ताक्षर भी उसी समय वसीयत में करवा लेने चाहिए। गवाहों का पूरा नाम व पता वसीयत में हस्ताक्षर के साथ लिखा हुआ होना चाहिए। गवाह के लिए वसीयत का विवरण जानना आवश्यक नहीं है।

❖ वसीयत बनाने वाला व दोनों गवाहों के लिए यह जरूरी है कि वसीयत की नकल/डुप्लीकेट कॉपियों पर भी बाकायदा अपने हस्ताक्षर करें। यदि मूल प्रति खो जाती है तो नकल भी पूर्णतः वैधानिक मानी जाएगी। वसीयत से लाभ प्राप्त करने वालों को इसकी जानकारी जरूर दे देनी चाहिए।

❖ जो भी व्यक्ति वसीयत का निष्पादन करने वाला हो वह गवाह की तरह वसीयत पर हस्ताक्षर नहीं कर सकता। वसीयत के निष्पादक पुरुष या महिला को भी वसीयत में कुछ अंश लाभ प्राप्त करने वाला बनाया जा सकता है।

❖ वसीयत के प्रत्येक पन्ने पर वसीयत करने वाले के हस्ताक्षर होने चाहिए जिससे कि बाद में कभी कोई यह आरोप नहीं लगा सके कि वसीयत के साथ छेड़खानी या बदलाव किया गया है।

❖ पति या पत्नी के निधन के बाद ध्यान रहे पत्नी या पति को वसीयत में जरूरी सुधार करना आवश्यक हो तो कर सकते हैं।

वसीयत कौन कर सकता है ?

❖ महिलाओं को भी पुरुषों के समान अपनी स्वअर्जित सम्पत्ति, उपहार, उत्तराधिकार व दहेज में मिली वस्तुएँ अथवा स्त्रीधन सम्पत्ति को वसीयत करने का अधिकार है।

- ❖ वह व्यक्ति जो 18 वर्ष की आयु पूर्ण कर चुका हो, स्वस्थ चित्त और अनुबन्ध करने की क्षमता रखता हो, वसीयत कर सकता है।
- ❖ अपाहिज व अनपढ़ व्यक्ति भी वसीयत कर सकते हैं। अपनी इच्छा को बताकर उसे लिखित रूप देते हुए वापस सुनकर सन्तुष्ट होने के उपरान्त (अपने विश्वासपात्र व्यक्ति को दिखाकर) अँगूठा निशानी लगाकर वसीयत की जा सकती है।
- ❖ वसीयत करने वाला व्यक्ति अपने जीवनकाल में वसीयत को परिवर्तित अथवा निरस्त कर सकता है। वह वसीयत किसी और के पक्ष में करने के लिए स्वतन्त्र होता है। जीवनकाल में की गई अन्तिम वसीयत ही मान्य होगी।
- ❖ बल प्रयोग, छल-कपट और वसीयतकर्ता की इच्छा के विरुद्ध की गई वसीयत शून्य मानी जाती है। इसके लिए न्यायालय में यह सिद्ध करना होता है कि छल, कपट और बल का प्रयोग हुआ है। विवाद की स्थिति में गलत साबित करने का भार उसी व्यक्ति पर होता है, जो उसे चुनौती देता है।

वसीयतनामे के अभाव में होने वाले परिणाम

अगर कोई व्यक्ति बिना कोई वसीयतनाम बनाए ही मृत्यु को प्राप्त हो जाता है तो फिर उसकी प्रॉपर्टी का बँटवारा 'विरासत कानून' के अन्तर्गत होता है।

हिन्दुओं के लिए 'हिन्दू विरासत एक्ट 1956' इस कार्य के लिए लागू होता है। मुस्लिम व्यक्तियों के लिए मुस्लिम विरासत कानून के अन्तर्गत व अन्य लोगों के लिए जो कि अन्य दोनों श्रेणियों में नहीं आते है जैसे कि जैन, सिक्ख, बौद्ध आदि तो उनका निपटारा भारतीय विरासत एक्ट 1925 के अन्तर्गत अपनी पैतृक जायदाद/पूँजी का निपटारा करना होगा।

दिलचस्प विल

दौलतमन्द अमरीकी जार्ज सिगार के बेहद शौकीन थे। उनकी पत्नी जोर्जिया ने उनके इस शौक पर रोक लगा रखा थी। उनकी मृत्यु पर जब उनकी वसीयत खोली गई उसमें लिखा था– "मैं अपनी साठ करोड़ डॉलर की जायदाद अपनी पत्नी के नाम करता हूँ पर शर्त यह होगी कि उसे पाँच सिगार प्रतिदिन पीनें होंगे। यदि किसी दिन उसने इसमें भूल की तो सम्पूर्ण सम्पत्ति सिगार कम्पनियों में बाँट दी जाए।

रशियन उद्योगपति ने अपनी मृत्यु पर दो लिफाफे छोड़े। उसकी हिदायत के अनुसार पहला लिफाफा उसकी मौत के तुरन्त बाद खोला गया, जिसमें लिखा था अंत्येष्टि सुबह तीन बजे खुले बदन की जाए। ठण्ड से खून जमाने वाले मौसम में सुबह तीन बजे का वक्त; चार लोगों को छोड़कर कोई नहीं आया। जब मजिस्ट्रेट के समक्ष दूसरा लिफाफा खोला गया तो उसमें लिखा था, 'मेरी सम्पूर्ण जायदाद मेरी अंत्येष्टि में शामिल लोगों में बराबर बाँट दी जाए।'

हालैंड में एक व्यक्ति ने वसीयत कागज पर न करके लाल चौक से अपने घर की दीवारों पर की और दो गवाहों के साइन भी दीवारों पर करवा दिए। जब माननीय न्यायाधीश ने दीवार की तस्वीर को पर्याप्त सबूत नहीं माना तो दीवारों को तुड़वाकर कोर्ट में पेश करना पड़ा।

32

वसीयतनामा द्वारा कर नियोजन

वरिष्ठ नागरिक ही क्यों प्रत्येक व्यक्ति को अपना वसीयतनामा अवश्य बनाना चाहिए जिससे एक व्यक्ति अपनी इच्छा अनुसार अपनी सम्पत्ति हस्तान्तरित कर सकता है। वसीयतनामा से आयकर लाभों का उल्लेख यहाँ किया गया है।

कानूनी रूप से वसीयतनामा बनाना

वसीयतनामा का कोई विशेष प्रारूप तो नहीं है लेकिन कानूनी तरीके से वसीयत-नामा में इस बात का उल्लेख अवश्य होना चाहिए कि व्यक्ति की मृत्यु के पश्चात् उस सम्पत्ति के हस्तान्तरण कराने की जिम्मेदारी किस व्यक्ति की होगी। जिन व्यक्तियों को उसकी मृत्यु के पश्चात् सम्पत्ति दी जाने वाली है उसका स्पष्ट उल्लेख वसीयतनामा में होना चाहिए। अगर परिवार के किसी निकट रिश्तेदार को जिसे साधारणतः सम्पत्ति मिलनी चाहिए थी परन्तु वसीयतनामा लिखने वाला उसे नहीं देना चाहे तो यह बेहतर होगा कि इस बात का स्पष्ट उल्लेख वसीयतनामा में करे। यह भी उल्लेख करे कि किस कारण से उसने अमुक व्यक्ति को सम्पत्ति से वंचित किया है।

वसीयतनामा द्वारा नए संयुक्त हिन्दू परिवार का निर्माण

वसीयतनामा लिखने वाला किसी व्यक्ति, उसकी पत्नी, परिवार के अन्य सदस्यों को जो यदि हिन्दू, जैन, सिक्ख या बौद्ध हों तो उनके लिए एक संयुक्त हिन्दू परिवार का निर्माण वसीयतनामा के द्वारा किया जा सकता है। वह इस बात का स्पष्ट उल्लेख कर सकता है कि अमुक सम्पत्ति उसकी मृत्यु के पश्चात् किसी एक व्यक्ति को न दी जाकर उस संयुक्त हिन्दू परिवार को दी जाएगी। इससे उस सम्पत्ति से होने वाली आमदनी किसी भी व्यक्ति की आमदनी में नहीं जोड़ी जाकर

संयुक्त हिन्दू परिवार की आमदनी मानी जाएगी। ऐसे परिवार की नई आयकर फाइल में 1,10,000 रुपए प्रतिवर्ष आयकर में छूट का लाभ मिलेगा।

परिवार के व्यक्तियों को उपहार या अनुदान

परिवार के नाबालिग बच्चों, नाबालिग पौत्र, पौत्रियों तथा अपनी पुत्रवधू को अपनी सम्पत्ति का भाग वसीयत के द्वारा हस्तान्तरित कर सकता है। वसीयतनामा बनाने वाला उसकी पत्नी को भी कुछ रकम वसीयत से दे सकता है। पत्नी की भविष्य में होने वाली आय आयकर निर्धारण के लिए पत्नी की ही गिनी जाएगी और आयकर अधिनियम की धारा 164 की अड़चन नहीं होगी।

वसीयतनामा द्वारा ऐच्छिक ट्रस्ट का निर्माण

साधारणतः जीते जी एक व्यक्ति यदि कोई ऐच्छिक ट्रस्ट बनाता है तो उसकी आमदनी पर अधिकतम आयकर की दर से कर लगता है। लेकिन आयकर अधिनियम की धारा 164 के अन्तर्गत यह प्रावधान है कि यदि कोई व्यक्ति अपनी वसीयत के द्वारा एक ऐच्छिक ट्रस्ट बनाए जिसके द्वारा वह अपनी कुछ सम्पत्ति ऐसे व्यक्तियों को हस्तान्तरित करे जिन्हें भविष्य में उस वसीयतनामा के द्वारा निर्मित ट्रस्ट के ट्रस्टी अपनी इच्छानुसार जिसे चाहें और जब चाहें दे सकें तो ऐसे ऐच्छिक ट्रस्ट पर साधारण दरों से आयकर लगेगा अर्थात उसे 1,10,000 रुपए की करमुक्त सीमा का लाभ भी मिलेगा।

वसीयतनामा के द्वारा व्यापार के लिए ट्रस्ट की स्थापना

साधारणतः एक ट्रस्ट की व्यापारिक आय पर अधिकतम आयकर की दर से आयकर अधिनियम की धारा 161(1ए) के अन्तर्गत आयकर लगता है। लेकिन उसी धारा के प्रन्तुक में इस बात का उल्लेख है कि यदि वसीयतनामा के द्वारा कोई एक विशेष ट्रस्ट व्यापार आदि के लिए हो तो इस पर अधिनियम आयकर की दर से आयकर न लगकर साधारण दरों से आयकर लग सकता है बशर्ते वसीयतनामा के द्वारा केवल इस प्रकार का एक ही ट्रस्ट निर्मित हो। इस प्रकार एक वरिष्ठ नागरिक या कोई अन्य व्यक्ति अपने परिवार के कुछ सदस्यों के लिए एक ट्रस्ट बना सकता है जिससे व्यापार का संचालन किया जा सकता है और जिस पर साधारण दरों से आयकर लगेगा।

मृत्यु के पश्चात् सम्पत्ति का निष्पादक के हाथ में पृथक कर निर्धारण

यदि वसीयतनामा बनाने वाला व्यक्ति कुछ लोगों को अपनी मृत्यु के पश्चात् कोई सम्पत्ति या रुपया हस्तान्तरित करता है और उसकी मृत्यु के पश्चात् निष्पादक अर्थात एक्जीक्यूटर कुछ समय तक उन रकमों या सम्पत्ति का वितरण नहीं कर पाता है तो ऐसी सम्पत्ति से होने वाली आय का कर निर्धारण पृथक रूप से निष्पादक के हाथ में अलग आय के रूप में सम्भव हो सकता है और उसे आयकर अधिनियम की धारा 168 के अन्तर्गत स्वतन्त्र कर निर्धारण का लाभ मिल सकता है। ऐसे कर निर्धारण में 1,10,000 रुपए की आयकर मुक्ति का लाभ निष्पादक को मिल सकता है।

कर नियोजक द्वारा प्रत्येक वरिष्ठ नागरिक या अन्य व्यक्ति वसीयतनामा को ढंग से लिखकर या लिखवा कर अपने परिवार के लिए लाखों रुपए की आयकर बचत करवा सकता है।

दिलचस्प विल

1991 में जर्मन सांसद कारलोटा लिबेस्टेन जब भगवान को प्यारे हुए तो 139 मिलियन जर्मन मार्क्स की दौलत अपने प्रिय कुत्ते गुंटर के नाम कर गए। साथ में एक नौकरानी, ड्राइवर, आलीशान कार और स्वीमिंग पूल भी उसके नाम कर गए।

डेनमार्क के न्यूजपेपर 'एकस्ट्रा ब्लास्ट' के अनुसार एक तिरयासी वर्ष की वृद्धा ने मृत्यु से पूर्व अपनी तमाम दौलत (साठ हजार डॉलर) अपने छह 'चिंपाजियों' के नाम कर दी। डेनमार्क के कानून के अनुसार बाद में यह वसीयत इन छह चिंपाजियों के सामने एक वकील द्वारा पढ़ी गई।

दुनिया की सबसे बड़ी वसीयत एक महिला द्वारा लिखी गई, जिसमें पिच्चानवे हजार शब्द थे और जिसे लिखने में दो साल लगे। उस महिला के रिश्तेदार समझते रहे कि वह कोई किताब लिख रही है।

एक फ्रेंच व्यक्ति की दौलत आज भी वहाँ की सरकार की देखरेख में है क्योंकि उसने अपनी वसीयत में लिखा था 'मेरी दौलत उस व्यक्ति को दी जाए जो भगवान से बात कर सकता हो।'

33

पर्यटन एवं सफर में रियायत

आवागमन के साधनों में बढ़ोतरी होने से, रहने-खाने की उचित व्यवस्था से यात्रा अब अपेक्षाकृत आसान हो गई है। पर्यटन पर जाते समय मौसम की अनुकूलता से ही जगह का चयन करें। गर्मी में हिल स्टेशन और सर्दी में गर्म प्रदेश उपयुक्त रहते हैं। आप यदि पर्यटन स्थलों पर जा रहे हैं तो वहाँ के बारे में पूरी जानकारी पहले ही प्राप्त कर लें। समय पर आरक्षण भी अवश्य करा लें। जहाँ तक हो सके होटल का कमरा पहले ही आरक्षित करा लें, ताकि व्यर्थ में भटकना न पड़े। यदि रात को गन्तव्य स्थान पर पहुँचें तो रात रेलवे प्रतीक्षालय में ही गुजारें। घर से निकलते समय तैयारी के दौरान जहाँ जा रहे हैं, वहाँ का नक्शा अवश्य साथ में ले लें। सफर में कम से कम सामान ले जाएँ। लम्बी यात्रा पर जा रहे हैं, तो पानी की बोतल साथ लेना न भूलें। यात्रा के दौरान बड़ी रकम साथ न ले जाएँ। अगर यह सम्भव नहीं हो, तो रुपयों को पूर्ण सावधानी से दो-तीन जगह रखें।

हैण्ड बैग में कम से कम रुपए रखें। सूटकेस वगैरह अच्छी तरह बन्द करें। बाँधने के लिए चेन एवं ताला-चाबी साथ में ले लें। अपने पर्स में घर का पता, टेलिफोन नम्बर, अन्य सम्पर्क आदि लिखकर रखें। घर से निकलते समय अलमारी, घर के सभी दरवाजे, खिड़कियाँ आदि ठीक से बन्द करें। विश्वासपात्र पड़ोसी को बता कर जाएँ। गाड़ियों के समय का विशेष ध्यान रखें। रेलवे की समय सारिणी भी साथ रखें।

होटल में कमरे के दरवाजे, खिड़कियाँ आदि अच्छी तरह से बन्द करके ही सोएँ। रास्ते में पर्यटन स्थलों पर किसी भी अनजान व्यक्ति पर विश्वास नहीं करें। उसके द्वारा दी गई वस्तु नहीं खाएँ। यदि आप नियमित दवा लेते हैं, तो दवा साथ लेना न भूलें। पेट दर्द, सिर दर्द, उल्टी-दस्त की दवा भी अपने साथ रखें।

यदि आप हिल स्टेशन पर जा रहे हैं तो ऊपर जाते समय ही वापसी का टिकट बनवा लें अन्यथा कई बार नीचे आने के लिए पर्याप्त साधन नहीं मिल पाते हैं और न चाहते हुए भी वहाँ ज्यादा रुकना पड़ता है। पर्यटन केन्द्रों के आसपास के दर्शनीय स्थलों पर जाने के लिए भारतीय पर्यटन निगम, राज्य पर्यटन निगम अथवा अधिकृत ट्रेवल्स एजेंसियों द्वारा चलाई जाने वाली टूर बस, टैक्सी आदि से जाना अधिक सुरक्षित होता है। धार्मिक स्थलों पर ज्योतिषी, पण्डे, पुजारी, सन्त, फकीरों आदि की बातों में न आएँ। इस तरह यात्रा के दौरान आवश्यक सर्तकता, सावधानी एवं होशियारी रखें।

पर्यटक स्थल के जानकार व्यक्ति द्वारा उस स्थान का वर्णन प्रभावी तरीके से हो सकता है। यूँ तो सैलानी अपने साथ गाइड बुक रखते हैं। पर्यटक स्थलों पर शिलालेख भी होते हैं। इन सबके बावजूद सैलानियों के लिए गाइड की विशेष भूमिका होती है क्योंकि प्रत्यक्ष किसी चीज का वर्णन ज्यादा प्रभावशाली होता है। इसी के मद्देनजर राज्य सरकार और ट्रेवलिंग एजेन्सियों ने भी सैलानियों की सुविधा के लिए गाइड्स की नियुक्ति की है। यदि आप पर्यटन करते समय गाइड नियुक्त करना चाहें तो इनमें से किसी भी गाइड को ले सकते हैं। सरकार या पर्यटक विभाग द्वारा नियुक्त गाइड, आर्किलोजिकल सर्वे ऑफ इंडिया द्वारा नियुक्त गाइड, स्टेट गवर्नमेन्ट गाइड्स, स्टेट आर्किलोजिकल गाइड्स।

सफर में रियायत

आजकल सफर में जाने के लिए बस, रेल व एयरलाइंस के साधनों में अनेक प्रकार की रियायतों का प्रावधान है। इनकी जानकारियों का लाभ वरिष्ठ नागरिक भी

उठा सकते हैं। यहाँ कुछ प्रावधान दिए गए हैं। समय-समय पर विभिन्न राज्यों में ये प्रावधान बदलते रहते हैं, उनकी जानकारियाँ अवश्य कर लें।

- कुछ राज्य परिवहन की आम या साधारण श्रेणी की बसों में वरिष्ठ नागरिकों को भाड़े में 20 से 50 प्रतिशत तक की रियायत देने का प्रावधान है।
- 65 साल से अधिक उम्र वाले हर वरिष्ठ नागरिक को इण्डियन एयरलाइंस द्वारा मूल भाड़े (टैक्स राशि के अतिरिक्त) में 50 प्रतिशत की रियायत दी जाती है।
- भारतीय रेलवे भी 60 साल से अधिक उम्र वाले वरिष्ठ नागरिकों के लिए राजधानी, शताब्दी, जनशताब्दी आदि रेलगाड़ियों तथा सभी श्रेणियों में यात्रा टिकटों में 30 प्रतिशत की रियायत दे रही है। आयु प्रमाणपत्र साथ रखना जरूरी है।
- हृदय रोग वाले रोगी व कैंसर पीड़ित के लिए स्वयं व उसकी देखभाल करने वाले एक व्यक्ति के लिए प्रथम, द्वितीय व शयनयान श्रेणी के भाड़े में 75 प्रतिशत की रियायत दी जा रही है।
- ऑर्थोपेडिकली हेण्डीकेप्ड, अन्धता, थैलेसीमिया, किडनी, लेप्रोसी (कोढ़) आदि से पीड़ित व्यक्ति एवं उसकी देखभाल के लिए एक व्यक्ति को भी रेल यात्रा में रियायत दी जाती है। इसके लिए उन्हें निर्धारित फार्म में मान्यताप्राप्त अस्पताल के डॉक्टर का प्रमाणपत्र प्रस्तुत करना पड़ेगा।

रेल यात्रा के लिए उपयोगी जानकारियाँ

- साधारण पैसेन्जर गाड़ियों में रियायत नहीं दी जाती है। सुपर फास्ट, रिजर्वेशन, सुरक्षा के लिए लगने वाले शुल्क में रियायत नहीं दी जाती है।
- सभी प्रकार की रियायतें टिकट खरीदते समय आरक्षण अथवा बुकिंग कार्यालय पर ही उपलब्ध होती हैं। ट्रेन में अन्यत्र कहीं रियायतें स्वीकृत नहीं की जाती हैं।
- दो प्रकार की रियायतें एक ही यात्रा में एक व्यक्ति को एक साथ उपलब्ध नहीं होती हैं। रियायती टिकटों को उच्च्व श्रेणी में नहीं बदला जा सकता है चाहे आप राशि का अन्तर देने के लिए तैयार हों।
- राज्य सरकार अथवा केन्द्रीय सरकार, विश्वविद्यालय आदि के द्वारा

यात्रा खर्चा वहन करने की स्थिति में रियायती टिकट नहीं दिया जाता है।

- रेलवे, बसों व हवाई जहाज में टिकट की अग्रिम खरीद किया जाना सम्भव है। कुछ स्थानों के लिए इन्टरनेट पर भी टिकट खरीदे जा सकते हैं। आजकल क्रेडिट कार्डों से टिकट खरीद करने की सुविधा उपलब्ध है।
- रिजर्वेशन टिकट खरीदने के बाद यात्रा के दिन को आगे-पीछे किया जा सकता है। यह सुविधा उसी श्रेणी में फीस देकर एक बार उठाई जा सकती है। इसके लिए उस रेल में आप द्वारा निर्धारित दिन जगह खाली होनी चाहिए। यह कार्य यात्रा आरम्भ होने के 24 घण्टे पूर्व टिकट जमा करवाकर किया जा सकता है।
- यदि 500 किमी. की यात्रा के बाद आप यात्रा में विराम चाहते हैं तो स्टेशन मैनेजर या टिकट कलेक्टर से लिखवा लें। यह सुविधा दो दिन के लिए एक बार उपलब्ध होती है।
- यदि आप यात्रा पर निकलना चाहते हैं तो सरक्यूलर टिकट उपलब्ध रहते हैं। इस यात्रा में आप आठ बार रुक सकते हैं। रेलवे ने कुछ मानक सरक्यूलर यात्रा कार्यक्रम बना रखे हैं जिनमें प्रमुख तीर्थ एवं पर्यटन स्थलों को जोड़ा गया है। यदि आप चाहें तो अन्य यात्रा रूटों के लिए भी सरक्यूलर टिकट जारी किए जा सकते हैं। इस प्रकार की यात्रा में यात्रा व्यय कम हो जाता है।
- रेलवे की अन्य सुविधाओं एवं समस्याओं के समाधान हेतु रेलवे इन्क्वायरी ऑफिस से जानकारियाँ ली जा सकती हैं। रेलवे द्वारा समय-समय पर पुस्तिकाएँ जारी की जाती हैं जिनमें टाईम-टेबल के अतिरिक्त अनेक सूचनाएँ भी रहती हैं जिनका आप उपयोग कर सकते हैं। प्रतिवर्ष रेलवे नई सुविधाओं की भी घोषणा करती रहती है, उनकी जानकारियाँ लेते रहना चाहिए।

34

वरिष्ठ नागरिक संगठन

वरिष्ठ नागरिक मिलकर अपने लिए सामाजिक संगठन का गठन कर सकते हैं। इस उम्र में अपने अनुभव, सद्‌भावना, सहयोग, भाईचारा बाँटने का यह एक अच्छा मंच बन सकता है। ऐसे मंच यदि प्रपंच से दूर रहकर मनपसन्द समाजोपयोगी गतिविधियाँ संचालित करें तो ज्येष्ठ नागरिकों में एक नया जोश, उत्साह एवं सुखमय जीवन व्यतीत करने की उमंग भर सकते हैं। ये संगठन वरिष्ठजनों की समस्याओं को समझने, सुलझाने एवं नए मित्र बनाने के लिए अत्यन्त उपयोगी सिद्ध हो सकते हैं। आत्मचिन्तन एवं सामाजिक विकास में भागीदारी का एक उपयोगी मंच प्रदान कर सकते हैं।

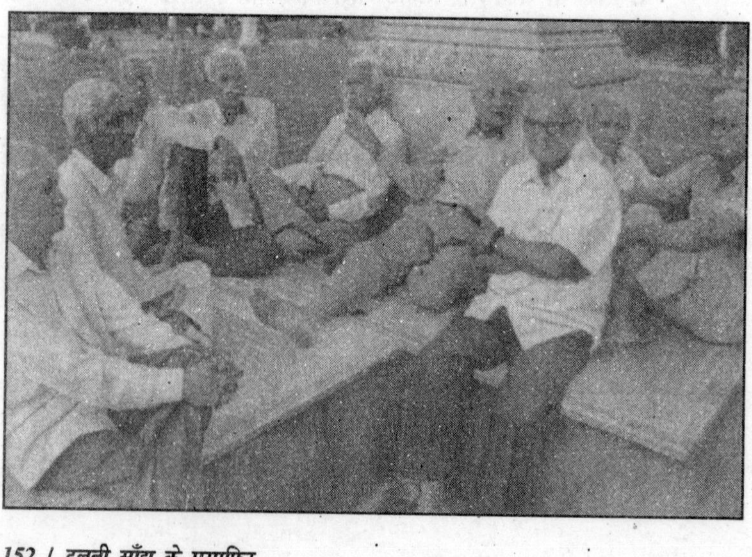

संगठन निर्माण की रूपरेखा

संगठन बनाने के अपने-अपने तरीके एवं अनुभव होते हैं। आवश्यकता एवं समझ से टिकाऊ संगठन बनाए जा सकते हैं। यहाँ एक सामान्य रूपरेखा प्रस्तुत है–

- पचास या इससे अधिक आयु के महिला-पुरुषों को संगठन का सदस्य बनाया जाए।
- निर्धारित स्थलों पर निश्चित समयान्तराल पर बैठकें आयोजित कर विचार-विमर्श किया जाए।
- सामाजिक, धार्मिक, सांस्कृतिक, आर्थिक, पर्यावरण, समसामयिक समस्याओं पर विचार-विमर्श किया जा सकता है।
- संगठन सदस्यता राशि, आर्थिक सहयोग, चन्दे आदि से आत्मनिर्भर रहते हुए गतिविधियों के खर्चों को वहन करें।
- संगठन की गतिविधि के चयन में न्यूनतम पाँच लोगों की सहमति एवं सक्रिय भागीदारी होने पर ही किसी गतिविधि को प्रारम्भ किया जाए।
- सदस्यों के लिए 50 प्रतिशत बैठकों एवं कार्यक्रमों में भाग लेना अनिवार्य रहे। किसी भी बैठक के लिए 33 प्रतिशत सदस्यों से कोरम पूरा माना जाए और उन्हें वित्तीय निर्णय लेने का अधिकार रहे।
- संगठन की कार्यसमिति बनाई जाए जो विभिन्न निर्णयों की क्रियान्विति सुनिश्चित करे।
- समिति के पदाधिकारियों का चयन आम सहमति से किया जाए।
- कार्यक्रमों का वार्षिक कैलेण्डर निर्धारित कर प्रत्येक सदस्य की भागीदारी एवं कार्यक्रम निष्पादन का दायित्व बाँटा जाए।
- आवश्यकता होने पर संगठन को ट्रस्ट में भी बदला जा सके।
- अतिथि सदस्यों को भी बैठकों में भाग लेने की छूट रहे।
- संगठन की साधारण सभा में नियमावली बना लें एवं प्रतिवर्ष आवश्यकता अनुसार कम से कम 51 प्रतिशत सदस्यों की राय से परिवर्तन-संशोधन करें।
- संगठन का बैंक खाता एवं स्थायी ऑफिस भी रखा जा सकता है।
- वार्षिक लेखों का नियमित रखरखाव कर सदस्यों को अवगत कराया जाए।
- आवश्यकता होने पर वरिष्ठ महिलाओं का पृथक संगठन निर्मित करना।
- अराजनैतिक रहते हुए परस्पर सहयोग करना।

संगठन की गतिविधियाँ

- सामाजिक कार्यों में संलग्न होना
- चिकित्सकीय जाँच
- व्याख्यान एवं प्रवचन
- वार्त्ताओं का आयोजन
- जन्मदिन त्यौहार-राष्ट्रीय पर्व मनाना
- सहकारी बैंक संचालन
- बुलेटिन प्रकाशन
- पहचान पत्र एवं निर्देशिका
- कल्याणकारी योजनाओं की जानकारियाँ
- स्थानीय एवं दूरस्थ स्थानों पर पर्यटन
- युवा एवं बच्चों का उत्थान करना
- वृद्धों की सुरक्षा
- प्राकृतिक आपदा में सहायता
- सांस्कृतिक कार्यक्रम
- दैनिक समस्याओं पर चर्चा
- शोक प्रस्ताव प्रस्तुत करना
- सम्मान समारोह
- अति वृद्ध युगलों का सम्मान
- व्यक्तिगत समस्या समाधान
- कुरीतियाँ एवं अन्धविश्वास दूर करना
- विनिवेश, बचत, कर आदि की जानकारियाँ
- कम लागत पर चिकित्सा
- विवाह सम्बन्धों में सहायता
- वृद्ध वेलफेयर फण्ड बनाना
- पर्यावरण संरक्षण, वृक्षारोपण कार्य
- प्रशासन एवं समाज का मार्गदर्शन

हैल्पेज इंडिया

वृद्ध लोगों के जीवन में गुणात्मक सुधार लाने तथा उनके कल्याण और देखभाल हेतु राष्ट्रीय स्तर पर कार्य करना संस्था का मुख्य उद्देश्य है। हैल्पेज इंडिया प्रतिवर्ष 15 लाख वृद्ध लोगों को अपनी सेवाएँ देती आ रही है। यह 8.1 करोड़ लोगों को समुचित सम्मान, स्वतन्त्रता और आत्मनिर्भरता से जीवन व्यतीत करने में मदद करने व उनकी आवश्यकताओं की पूर्ति के लिए आवाज उठाती है।

हैल्पेज इंडिया के उद्देश्य

- राष्ट्रीय और स्थानीय सरकार से ऐसी नीति बनाने की वकालत करते हैं जो वृद्ध लोगों के हित में हो।
- वृद्ध लोगों की चिन्ताओं के प्रति समाज को जागरूक बनाते हैं और उनकी वृद्धता से सम्बन्धित विभिन्न मुद्दों को अच्छे ढंग से समझने के लिए उन्हें बढ़ावा देते हैं।
- वृद्ध लोगों को उनके अधिकारों के प्रति जागरूक बनाने में मदद करते हैं ताकि उन्हें उनका हक मिल सके और समाज में सक्रिय भूमिका निभाने के लिए उन्हें योग्य बना सके।

- हैल्पेज इंडिया वृद्धावस्था से सम्बन्धित विभिन्न मुद्दों पर आँकड़े एकत्रित करती है तथा इससे सम्बन्धित समस्याओं के अध्ययन व लड़ने की तकनीकों का विकास करती है।

वृद्धों के लिए सुविधाओं का प्रयास

- पेन्शन तथा सामाजिक सुरक्षा - बाधामुक्त आवासीय देखभाल
- चिकित्सा तथा घरेलू देखभाल - भागीदारी तथा मनोरंजन सुविधाओं का विकास
- वृद्धों के लिए हितकारी नीतियाँ - सुरक्षा तथा रक्षा सम्बन्धी व्यवस्था
- वृद्धों के लिए अनुकूल पर्यावरण - अकेलापन, गरीबी तथा उपेक्षा के खिलाफ लड़ाई

- **देखरेख कार्यकर्ता प्रायोजित करना :** इस कार्यक्रम के अन्तर्गत हैल्पेज इंडिया, बेसहारा वृद्ध लोगों की मूलभूत आवश्यकताओं को प्रायोजित करने के लिए व्यक्तियों तथा संगठनों को सक्षम बनाने में सहायता करती है।
- **जागरूकता में वृद्धि करना :** सामाजिक, भोजन सम्बन्धी तथा आवासीय सुरक्षा तक सहज पहुँच प्रदान करना है।
- **आँख का ऑपरेशन :** जिससे बहुत से वृद्ध लोग दोबारा स्वतन्त्र रूप से काम करने के योग्य हो जाते हैं।
- **रहन-सहन सम्बन्धी देखभाल :** वृद्धावस्था घरों, अस्पतालों तथा दैनिक देखरेख केन्द्रों को अपना सहयोग प्रदान करती है।
- **रोजी-रोटी की सहायता :** ऐसे वृद्ध जिन्हें जीवित रहने के लिए काम की आवश्यकता होती है, उनके लिए आय प्रदान करने वाली योजनाएँ चलाई हैं।
- **मोबाइल मेडिकेयर यूनिट :** ग्रामीण तथा झुग्गी-झोंपड़ियों में रहने वाले वृद्ध लोगों को मुफ्त इलाज करने के लिए उनके घर पर डॉक्टर भेजती है।
- **बचाव और पुनर्वास :** प्राकृतिक आपदाओं के समय उनकी मदद करने के लिए बचाव और पुनर्वास कार्यक्रम चला रही है।
- **हैल्प लाइनें :** निराशा से घिरे वृद्ध लोगों की मदद करने तथा उन्हें सही जानकारी देने के लिए परामर्श इकाइयों का काम कर रही है।

वृद्ध लोगों को मदद की जरूरत क्यों पड़ती है ?

- भारत में 8.1 करोड़ वृद्ध लोग हैं।
- इनमें से 66 प्रतिशत लोगों को 2 वक्त की रोटी भी नसीब नहीं हो पाती है।
- 55 प्रतिशत विधवाएँ हैं जिनके पास बहुत कम अथवा किसी प्रकार की सहायता नहीं है।
- 90 प्रतिशत लोग असंगठित क्षेत्र से सम्बन्ध रखते हैं जिनकी सामाजिक सुरक्षा बिल्कुल नहीं है।
- 37 प्रतिशत लोग एकान्त और अकेलेपन का जीवन व्यतीत करते हैं।

अपने शहर में हैल्पेज के कार्यालय से संपर्क करने अथवा अधिक जानकारी के लिए कृपया वैबसाइट www.helpageindia.org पर सम्पर्क करें।

हैल्पेज इंडिया सोसायटी पंजीकरण अधिनियम 1860 के अन्तर्गत पंजीकृत (पंजीकरण सं. एस/9270) हैल्पेज इंडिया को दान की गई राशि पर आयकर अधिनियम की धारा 35 एसी और 80 जीजीए के अन्तर्गत 100 प्रतिशत छूट है।

पंजीकृत कार्यालय

सी-14, कुतुब इंस्टीट्यूशनल एरिया,
नई दिल्ली - 110016
फोन : 011-41688955-56
फैक्स : 011-26852916
e-mail : helpage@nde.vsnl.net.in

35

वृद्धाश्रम भी एक सहारा

जीवन के अन्तिम पड़ाव वृद्धावस्था में जब एकाकीपन लगता हो, अपने-आपको निराश्रित अनुभव करते हों, शारीरिक क्षमता क्षीण हो गई हो, पारिवारिक सुख-सुविधाओं से वंचित हों, ऐसा अनुभव करने वाले लोगों का आश्रय स्थल वृद्धाश्रम हैं। कुछ इसे ओल्डएज होम, आश्रम, धाम आदि नामों से भी पुकारते हैं।

वृद्धाश्रम की आवश्यकता क्यों?

जब परिवार में कोई अपना न हो या होते हुए भी देखरेख न करे, अपनों से न बनती हो, आर्थिक स्थिती इतनी कमजोर हो कि दो वक्त का भोजन भी न मिले, रहने का घर और जीवनोपयोगी साधन-सुविधाएँ न हों ऐसे समय में वृद्धों को सहारे के लिए वृद्धाश्रम की आवश्यकता होती है जहाँ सहायता, सहयोग, सहारा मिल सके वह भी अपने आत्म-सम्मान को बचाए रखकर। तेजी से बदलते जमाने को देखते हुए जहाँ पारिवारिक मूल्यों का ह्रास हो गया हो पश्चिमीकरण एवं भौतिकवादी मान्यताएँ हावी हो

गई हों वहाँ इन अन्तिम दिनों को शान्ति से गुजारने के लिए वृद्धाश्रम एक उपयुक्त सहारा बन सकता है।

वृद्धाश्रम में सुविधाएँ क्या हों?

वातावरण– वृद्धाश्रम का वातावरण सुरम्य, स्वस्थ तथा पवित्र बनाए रखा जाना चाहिए। प्रकृति की गोद में सुखदायक, तनावरहित, क्रियाशील रहते हुए समय गुजार सकने की व्यवस्था होनी चाहिए।

आवास– आवश्यक सुख-सुविधाओं से युक्त एकल, दो या समूह में व्यक्ति रह सके इस प्रकार की सुविधाएँ होनी चाहिए। प्रकाश, जल, प्रसाधन, फर्नीचर, टेलिफोन आदि सुविधाओं का प्रावधान रखा जाना चाहिए। हरे-भरे वृक्षों, सुरम्य वाटिकाओं एवं पार्कों से सुसज्जित बनाया जाए। सेवानिवृत्त तथा ऐसे स्वाभिमानी वरिष्ठ नागरिक जो अपने भोजनादि का व्यय स्वयं वहन करते हुए सेवा के लिए आवास चाहते हों ऐसी व्यवस्था भी वृद्धाश्रम में रखनी चाहिए।

अतिथि निवास– जो व्यक्ति अल्प समय के लिए वृद्धाश्रम में रहने के इच्छुक हों उन्हें भी सुविधायुक्त आवास एवं भोजन आदि की सुविधा मिल सके। वरिष्ठजनों के परिवार के लोगों अथवा मित्रगण जो आश्रमवासियों से मिलने के लिए आएँ उन्हें कुछ दिन ठहरने की सुविधा मिलनी चाहिए।

पूजा स्थल एवं सत्संग– विभिन्न धर्मों के मानने वाले व्यक्तियों के लिए सेवा, पूजा एवं धर्मग्रन्थों के अध्ययन के लिए एक स्थान हो जहाँ बैठकर प्रवचन तथा कीर्तन आदि की दैनिक व्यवस्था हो सके।

पुस्तकालय एवं वाचनालय– अध्ययन की आवश्यकताओं को ध्यान में रखते हुए पुस्तकालय एवं वाचनालय की सुविधा हो। विभिन्न धर्मों की पुस्तकें प्रमुख लेखकों द्वारा रचित साहित्य एवं पत्र-पत्रिकाओं का संग्रह सुलभ रहना चाहिए। इनमें आवश्यकतानुसार विस्तार की व्यवस्था रहे।

चिकित्सालय– वृद्धावस्था में होने वाली समस्याओं और रोगों के निदान के लिए चिकित्सक का परामर्श, उपचार एवं दवाइयाँ आदि उपलब्ध रहें। आयुर्वेदिक, प्राकृतिक, होम्योपैथी चिकित्सा पद्धति से वरिष्ठजनों की सेवा निरन्तर चलती रहे। योग, प्राणायम, रैकी, टहलने आदि की सुविधा रहनी चाहिए। किसी आकस्मिक जरूरत हेतु व्हील चेयर, एम्बूलेंस सेवा उपलब्ध होनी चाहिए।

भोजनालय– सामूहिक भोजनालय की समुचित, नियमित व्यवस्था रहे। भोजन सादा सन्तुलित होना चाहिए। यदि कुछ लोग स्वयं भोजन पका कर खाना चाहें तो ऐसी व्यवस्था भी रखें।

उपभोक्ता भंडार– जहाँ जीवनोपयोगी आवश्यक वस्तुएँ उचित मूल्य पर मिल सके। वहाँ से शुद्ध एवं प्रमाणिक वस्तुएँ प्राप्त हो सके।

गौशाला एवं फल सब्जियाँ– आश्रम में एक गौशाला की भी व्यवस्था रहे जहाँ से ताजा दूध आदि उपलब्ध हो सके। फल, जड़ी-बूटियाँ, सब्जियाँ उगाने एवं वृद्धाश्रम के उपयोग हेतु प्रयुक्त करने की सुविधाओं का भी विकास किया जाए।

यातायात व्यवस्था– वृद्धाश्रम से आने-जाने की समुचित यातायात व्यवस्था रहनी चाहिए। यातायात हेतु वाहन आश्रम का हो अथवा सार्वजनिक यातायात व्यवस्था जहाँ उपलब्ध हो, वहाँ तक पहुँच की व्यवस्था रहे।

मनोरजंन– वृद्धों की आदतों, आवश्यकताओं, रुचियों को ध्यान में रखते हुए मनोरजंन हेतु खेल, सांस्कृतिक, धार्मिक आयोजन का प्रबन्ध रहे। रेडियो, टेलिविजन, खेल, चित्रकारी, लेखन, रचनात्मक क्रियाकलाप करने के लिए आवश्यक सामग्री उपलब्ध रहनी चाहिए।

परामर्शदाता– वृद्धाश्रम में आने वाले वृद्ध विभिन्न परिवेश के होते हैं। उनकी समस्याएँ भी अनेक होती हैं, उन्हें मानसिक रूप से स्वस्थ रखने के लिए एक परामर्शदाता अवश्य होना चाहिए।

वृद्धाश्रम में हमउम्र बुजुर्गों को अपनी-अपनी रामकहानी सुनने-सुनाने का पूरा अवसर रहता है। इससे उन्हें आत्म सन्तुष्टि मिलती है। एक दूसरे के दुःख-दर्द में उनकी सेवा करते हैं इससे दुःख-दर्द को सहने, दूर रखने, कम करने में मदद मिलती है।

वृद्धाश्रम में निवास करने वाले सक्षम व्यक्तियों को क्रियाशील बनाए रखने के लिए वृद्धाश्रम की समस्त गतिविधियों में उनकी सहभागिता रहनी चाहिए। जैसे भोजनशाला, पुस्तकालय, गौशाला, बगीचा, उपभोक्ता भण्डार आदि के संचालन में भागीदारी रहनी चाहिए। यह कार्य वृद्धजनों की रुचि के अनुसार बाँटा जाना चाहिए। समाजसेवा के लिए वृद्धाश्रम के पास की बस्तियों में शिक्षण, स्वच्छता, स्वास्थ्य, रोजगार, सामाजिक जागरूकता, नशाखोरी दूर करना, पर्यावरण संरक्षण, जल संरक्षण, पौधारोपण आदि कार्यों में सक्रिय भागीदारी रखने से उनके समय का सदुपयोग होगा एवं समाज के विकास में सहायता मिलेगी।

बोझ नहीं होते बुजुर्ग माता-पिता

आज के हालात में परिवार में सबसे दयनीय दशा अगर किसी की है, तो बुजुर्ग माता-पिता की। ऐसे में माता-पिता यही सोचते हैं कि हमने अपनी सन्तान को पाल-पोस कर ऐसा क्या गुनाह किया कि आज वो हमें बोझ समझकर वृद्धाश्रम में फेंक आते हैं। आज यदि हम अपने बचपन के बारे

में सोचें कि जब भी हम बीमार हो जाते थे तो क्या हमारे माता-पिता रातभर हमारे लिए नहीं जागते थे? क्या हमारी माँ ने नौ माह तक हमें अपनी कोख में नहीं पाला या हमारे पिता ने हमारी परवरिश करने में कोई कसर छोड़ी? हम पर किसी तरह की मुश्किल नहीं आने दी। यदि उस समय उन्होंने हमें बोझ समझ लिया होता तो हमारा क्या हाल होता? इन्हीं प्रश्नों को सोचते हुए सन्तान इस बात को ध्यान में रखे कि आजीवन कोई भी युवा नहीं रहता। हमें भी इस दिन का सामना करना पड़ेगा। अपने माता-पिता की आत्मा को दुःख देकर खुद की सन्तान से आदर और सुख की कामना करना हमारी सबसे बड़ी भूल होगी। लोग कहते हैं स्वर्ग आसमान में होता है लेकिन यदि मनुष्य चाहे तो इसी जीवन में स्वर्ग का सुख भोग सकता है। क्योंकि स्वर्ग का सुख माता-पिता के चरणों और उनकी सेवा में मिलता है।

36

बगीचा बनाएँ : समय का सदुपयोग करें

आजकल नए बनाए गए घरों में कुछ जगह रहती है। चारदीवारी में यदि कुछ जगह है तो इसमें बागवानी की जा सकती है। इससे घर का वातावरण भी स्वच्छ रहेगा एवं समय का भी सदुपयोग होगा। यदि वृद्ध इस कार्य को एक हॉबी के रूप में आरम्भ कर देते हैं तो यह सभी के लिए लाभदायक होगा।

बगीचे के लिए जगह का चुनाव : बगीचे के लिए जो जगह चुनी जाए वह खुली हुई हो तथा वहाँ सिंचाई के साधन भी उपलब्ध हो। घर के पास की भूमि इसके लिए अधिक उपयुक्त होगी। अनेक व्यक्ति गमलों में और लकड़ी के खोकों में भी कुछ-न-कुछ सब्जी व पेड़ उगा ही लेते हैं। घर की छत पर भी गमलों में पौधे लगाए जा सकते हैं। बगीचे की रक्षा के लिए चारों ओर बाड़ का प्रबन्ध करें।

भूमि की तैयारी : भूमि को गहरी खोद लें, फिर खरपतवार निकालकर उसको समतल बनाएँ। कम्पोस्ट की खाद तो आप स्वयं बना सकते हैं। वाटिका के एक कोने में आप दो गड्ढ़े बना लें। प्रतिदिन उनमें गिरी हुई पत्तियाँ, बगीचे का कचरा तथा रसोई का कचरा डालते रहें। इनकी तहों के बीच में पानी, गौ मूत्र, गोबर और कीचड़ छिड़कते रहना चाहिए।

जब पहला गड्ढ़ा भर जाए तो उसको अच्छी तरह से ढक देना चाहिए। छः महीने में यह खाद आपके बगीचे के लिए तैयार हो जाएगा। दूसरा गड्ढा भी इस प्रकार भरें कि पहला खाली होने के समय दूसरे का खाद तैयार मिले।

सब्जियों व फूलों की पौध तैयार करना : बगीचे में या तो बीज सीधे ही बो दिए जाते हैं अथवा पहले नर्सरी में पौध तैयार की जाती है जो क्यारियों में रोप दी जाती है। पत्ते वाली सब्जियों के व अन्य सब्जियों के बीच जैसे मटर, फलियाँ, कद्दू जाति की बेलें, मूली और गाजर सीधे क्यारियों में बोए जाते हैं। परन्तु मिर्ची, टमाटर, पत्तागोभी, फूलगोभी, गाँठगोभी एवं मौसमी फूलों की पौध बगीचे में लगाने से पहले नर्सरी में तैयार की जाती है। अगर कुछ ही पौधे लगाने हैं तो किसी नर्सरी से बनी-बनाई पौध खरीदना भी उपयुक्त होगा।

बगीचा लगाते वक्त कुछ ध्यान देने योग्य बातें : बगीचे के लिए भूमि अच्छे जल निकास वाली, पानी के स्रोत के नजदीक, हल्की, उपजाऊ व दोमट होनी चाहिए। बगीचे के प्रारूप, उपलब्ध जमीन, पानी एवं परिवार के सदस्यों की आवश्यकतानुसार तय करें। बगीचे में फलदार तथा सजावट के पौधे तथा सभी आवश्यक सब्जियों के साथ-साथ पत्ते वाली सब्जियों का प्रावधान होना चाहिए।

सब्जियों का फसल चक्र इस प्रकार बनावें कि भूमि में दिए गए खाद एवं उर्वरक का सही उपयोग हो सके तथा फैलने वाली बीमारियों एवं कीटों से फसल की रक्षा हो सके जैसे टमाटर की फसल के तुरन्त बाद उसी कुल की दूसरी सब्जी जैसे बैंगन, मिर्च आदि को उस जगह न लगाएँ।

बीजों को उपचारित करना : उपचारित बीज ही काम में लें। अगर बीज उपचारित नहीं है तो उसे केप्टान या थिरम 2.5 ग्राम प्रति किलोग्राम बीज के हिसाब से उपचारित करें। बीजों को उपचारित करने के लिए एक लीटर या आवश्यकतानुसार पानी में 125 ग्राम गुड़ का घोल लेना चाहिए तथा इस घोल में एक पैकेट कल्चर मिलाकर बीजों के ऊपर छिड़कते हुए हल्के-हल्के हाथ से मिला देना चाहिए, जिससे कि बीजों पर एक बारीक परत जीवाणु खाद की जम जाए। ऐसे उपचारित बीजों को छायादार स्थान पर सुखाकर शीघ्र बोना चाहिए। बीजों को फफूँदनाशक या कीटनाशक दवा से उपचारित करना चाहिए तथा अन्त में जीवाणु खाद से उपचारित करना चाहिए।

कल्चर का प्रयोग यदि मिर्च, टमाटर, बैंगन, गोभी इत्यादि फसलों में करना हो तो इन पौधों की जड़ों को रोपाई से पूर्व जीवाणु खाद के घोल में लगभग 15 मिनट तक डुबोकर रखें, बाद में इनकी भूमि में रोपाई कर देनी चाहिए।

पौध लगाना एवं पौधों की सुरक्षा : जिन सब्जियों या फूलों की पौध लगाई जाती है उनके बीजों की नर्सरी में बुवाई करें। नर्सरी की क्यारी तैयार करते समय सड़ा हुआ गोबर या कम्पोस्ट का खाद भलीभाँति मिलाएँ। नर्सरी में बीज की बुवाई करीब 6 से 8 से.मी. दूरी पर सीधी लाइन में लगभग आधा से.मी. की गहराई पर करें।

क्यारियाँ तैयार करते समय अच्छी सड़ी हुई गोबर की खाद, डाल दें। डी.ए.पी. या सुपर फास्फेट व म्यूरेट ऑफ पोटाश की पूरी मात्रा बुवाई अथवा रोपाई के समय भूमि में दें। गृहवाटिका खुले व धूप वाले स्थान पर हो। बेल वाली सब्जियाँ जैसे लौकी, तुरई, करेला, खीरा एवं सजावटी बेलें आदि को बाड़ या दीवार के सहारे लगाएँ। फलदार वृक्षों को एक तरफ लगाएँ ताकि क्यारियों की जुताई में सुविधा रहे। गृहवाटिका की भूमि खाली न रहे। पौधघर की क्यारियों में अधिक पानी न डालें। समय-समय पर पौधघर की निराई-गुड़ाई करते रहना चाहिए। पौधघर की गर्मी के दिनों में अधिक गर्मी से तथा सर्दी के दिनों में अधिक ठण्ड से रक्षा करनी चाहिए। पौधों पर अधिक छाया से वे कमजोर व कोमल रह जाते हैं तथा सीधे बढ़ते हैं। हानिकारक कीड़ों तथा बीमारियों को कीटनाशक तथा फफूँदनाशक दवाओं से रोकना चाहिए। अगर पौधे तेजी से न पनपते हों तो पौधघर में थोड़ी मात्रा में नत्रजनयुक्त रासायनिक खाद का उपयोग करना चाहिए। परन्तु ये खाद पत्तों पर न पड़ें, इस बात की पूरी सावधानी रखें।

पानी की जाँच कराएँ : बागवानी में प्रयोग किए जाने वाले पानी में घुलनशील नमक व साल्ट के अलग-अलग अनुपात के कारण सिंचाई के पानी के गुण भी अलग-अलग होते हैं। खारे पानी का असर फसल पर शुरू से आखिर तक रहता है।

पानी का नमूना लेना : पम्पसेट व नलकूप से पानी का नमूना लेने के लिए नलकूप को करीब 15 मिनिट चलने के बाद साफ बोतल में नलकूप का पानी भर लें और बोतल को ढक्कन से बन्द कर अपना नाम, पता, क्षेत्र की भूमि परीक्षण प्रयोगशाला भेजें।

मिट्टी की जाँच : सबसे पहले मिट्टी की जाँच कराएँ ताकि आपको यह मालूम हो सके कि कौन सा उर्वरक कितनी मात्रा में दिया जाए। सभी जिलों में मिट्टी परीक्षण प्रयोगशालाएँ हैं।

सूक्ष्म पोषक तत्व की कमी ठीक करना : अगर मिट्टी में कोई सूक्ष्म पोषक तत्व की कमी है तो उसको ठीक करने के बाद उर्वरक दीजिए।

उर्वरक देने का तरीका : उर्वरक समय पर दें। नाइट्रोजन वाला उर्वरक किस्तों में दें। उर्वरक बीजों के नीचे रखकर दें। इससे उर्वरकों की कुशलता बढ़ जाएगी। यूरिया को खास कर के बीज के नीचे ही रखकर देना चाहिए।

रासायनिक उर्वरक के घोल का पत्तियों पर छिड़काव : पत्तियों पर छिड़काव की विधि से उर्वरक की न्यूनतम मात्रा ही लगती है, जबकि उत्पादन ज्यादा होता है। साधारणतया नाइट्रोजन याने यूरिया, फास्फोरस यानी डी.ए.पी. एवं पोटाश का 2 प्रतिशत घोल छिड़कना लाभप्रद है। 3-4 बार 15-15 दिन के अन्तराल पर सभी फल-फूल, सब्जी के पौधों पर छिड़काव किया जा सकता है।

घर में छोटे-छोटे पौधे लगाना उनकी देखरेख करना अपने समय का सदुपयोग है। आपके पास घर में जितनी भी जगह में सम्भव हो सके प्रयास करें। यह आनन्ददायक क्रियाकलाप है।

37

उपभोक्ताओं के अपने अधिकार

भारतीय अर्थव्यवस्था में ग्राहक की काफी शोचनीय स्थिति है। उपभोक्ता सदैव व्यवसायियों द्वारा अनुचित लाभ कमाने के उद्देश्य से ठगे जाते रहे हैं। क्रय किया गया माल बतलाए गए गुणों के बिल्कुल विपरीत होता है। ऐसी स्थिति क्यों आती है? इसका एक प्रमुख कारण उपभोक्ताओं को अपने अधिकारों की जानकारी न होना है। उनमें शोषण के विरुद्ध आवाज उठाने की जागरूकता का अभाव होता है। पाश्चात्य सभ्यता के दुष्प्रभाव, विज्ञापन, नैतिकता एवं आदर्श मूल्यों के ह्रास

के परिणामस्वरूप व्यापारी उपभोक्ताओं को मिलावटी, अमानक, घटतौली, अल्प गुणवत्तावाली वस्तुएँ बेचकर उनका शोषण करते हैं। मिलावट तो हर चीज का आवश्यक अंग बन गई है। दूध, दवा, मिठाई, तेल, घी, सब्जियाँ आदि कोई भी वस्तु नहीं बची जिसमें मिलावट न होती हो। वर्तमान समय में ऐसा कोई क्षेत्र नहीं है जहाँ उपभोक्ताओं का शोषण न हो रहा हो। जैसे– शिक्षा, बैंकिंग, चिकित्सा सेवाओं, डाक एवं कोरियर, भवन निर्माण आदि में त्रुटि एवं लापरवाही उपभोक्ता के लिए घातक सिद्ध हो रही है। उपभोक्ताओं को जानकारी होनी चाहिए कि घटतौली, मिलावट, भ्रष्टाचार के विरुद्ध उनके क्या अधिकार हैं और उनको कौन से कदम उठाने चाहिए। भारत सरकार ने इसी के अनुरूप उपभोक्ता संरक्षण अधिनियम 1986 में पारित किया, जिसमें उपभोक्ताओं को कुछ मूलभूत अधिकार प्रदान किए गए हैं।

सुरक्षा का अधिकार : ऐसी वस्तुओं एवं सेवाओं से सुरक्षा प्राप्त करने का अधिकार है जिनसे उसके शरीर एवं सम्पत्ति को हानि हो सकती है। उसे किसी भी वस्तु या सेवा से चोट लगने, बीमार होने, क्षति होने, अविवेकपूर्ण आचरण से क्षति होने के विरुद्ध सुरक्षा पाने का अधिकार है।

चुनाव या पसन्द का अधिकार : विभिन्न निर्माताओं द्वारा निर्मित ब्राण्ड, किस्म, गुण, रूप, रंग, आकार, मूल्य आदि की वस्तुओं में से किसी भी वस्तु का चुनाव करने के लिए उपभोक्ता स्वतन्त्र होगा।

सूचना पाने का अधिकार : उपभोक्ताओं को वे सभी आवश्यक सूचनाएँ प्राप्त करने का अधिकार है जिनके आधार पर वह वस्तु या सेवा खरीदने का निर्णय कर सके। ये सूचनाएँ वस्तु की किस्म, मात्रा, शुद्धता, प्रमाण, मूल्य आदि के सम्बन्ध में हो सकती हैं।

सुनवाई या कहने का अधिकार : उपभोक्ता को अपने हितों को प्रमाणित करने वाली सभी बातों को उपयुक्त मंचों के समक्ष प्रस्तुत करने का अधिकार है।

क्षतिपूर्ति का अधिकार : क्रय की गई वस्तु या सेवा उचित एवं सन्तोषजनक ढंग से उपयोग में नहीं लाई जा सकेगी तो उसकी उपभोक्ता को उचित क्षतिपूर्ति प्राप्त करने का अधिकार होगा।

उपभोक्ता शिक्षा का अधिकार : उन सभी बातों की शिक्षा या जानकारी प्राप्त करने का अधिकार होता है जो एक उपभोक्ता के लिए आवश्यक होती है।

मूल्य या प्रतिफल का अधिकार : उपभोक्ता को उसके द्वारा चुकाए गए धन का पूरा मूल्य मिलने की अपेक्षा का अधिकार हैं। उसे व्यवसायी द्वारा विक्रय के

दौरान या विज्ञापन में किए गए वायदों तथा जगाई गई आशाओं को पूरा करवाने का अधिकार होता है।

संसद द्वारा पारित यह अधिनियम पूरे भारत में लागू है। इसी परिप्रेक्ष्य में 15 मार्च को अन्तर्राष्ट्रीय उपभोक्ता दिवस मनाने का निर्णय भारत सरकार ने भी लिया है। यह दिवस संयुक्त राज्य अमेरिका के पूर्व राष्ट्रपति जॉन एफ. कैनेडी द्वारा 15 मार्च 1962 को मूलभूत उपभोक्ता अधिकारों के बारे में की गई ऐतिहासिक घोषणा के उपलक्ष्य में मनाया जाता हैं।

अधिनियम के तहत उपभोक्ताओं को उनकी शिकायतों के सरल, तेज और सस्ते निवारण के लिए तीन स्तरीय अर्ध-न्यायिक मशीनरी कायम की गई है। इसे साधारण अदालत कहा जाता है, इसे राष्ट्रीय, राज्य और जिला स्तर पर कायम किया गया है। इसके लिए स्थापित सर्वोच्च संस्था का नाम है "राष्ट्रीय उपभोक्ता शिकायत निवारण आयोग" यानी राष्ट्रीय आयोग बनाया गया है। यह आयोग नई दिल्ली में स्थित है।

जिस तरह अदालतों में मुकदमे दायर होते हैं, उसी तरह मुकदमे व उनकी सुनवाई होती है। पहले शिकायत जिला फोरम में की जाती है। शिकायतकर्ता के सन्तुष्ट न होने पर मामला राज्य फोरम और फिर राष्ट्रीय फोरम में ले जाया जा सकता है। जिला फोरम में शिकायत मामूली कोर्ट फीस पर दर्ज करवाई जा सकती है। अगर उपभोक्ता राष्ट्रीय फोरम से भी सन्तुष्ट नहीं होता है तो वह आदेश के 30 दिनों के अन्दर उच्चतम न्यायालय में अपील कर सकता है।

इस समय देश में 582 जिला फोरम, 35 राज्य आयोग और एक राष्ट्रीय आयोग काम कर रहे हैं। उपभोक्ता शिकायत निवारण एजेंसियों के कायम होने के बाद से अब तक दायर 24 लाख मामलों में से 84 प्रतिशत मामलों को निपटाया जा चुका है।

इस अधिनियम का सर्वोत्तम एवं महत्वपूर्ण पक्ष यह है कि उपभोक्ता को शिकायत करने के लिए कोई वकील करने की आवश्यकता नहीं है। न्यायिक कार्य विधि अत्यन्त सरल, सस्ती एवं शीघ्रतापूर्वक न्याय दिलाने का उद्देश्य लेकर निर्धारित की गई है। मामूली न्यायालय शुल्क अदा करके शिकायत की जा सकती है। यहाँ तक कि शपथ पत्र भी स्टाम्प पेपर पर लिखा जाना जरूरी नहीं है। जिला फोरम 20 लाख रुपया, राज्य आयोग 20 लाख रुपए से अधिक परन्तु 1 करोड़ रुपए तक तथा राष्ट्रीय आयोग को 1 करोड़ रुपए से अधिक मूल्य की वस्तुओं एवं सेवाओं से सम्बन्धित शिकायतों के मुकदमों एवं अपीलों की सुनवाई करने का अधिकार है। ऐसी किसी भी शिकायत को सुनवाई के लिए स्वीकार नहीं किया जाएगा जो दो वर्ष के अन्दर न दायर की गई हो।

शिकायत कैसे करें?

शिकायतकर्ता अथवा उसका अधिकृत प्रतिनिधि स्वयं उपस्थित होकर सम्बन्धित न्यायालय में शिकायत प्रस्तुत कर सकता है। शिकायत में निम्नलिखित विवरण पूरा एवं स्पष्ट रूप में दिया जाना चाहिए।

1. *शिकायतकर्ता का नाम, विवरण तथा पता।*
2. *प्रतिपक्ष/प्रतिपक्षियों का नाम, विवरण तथा पता।*
3. *शिकायत से सम्बन्धित पूरे तथ्य और वे कब तथा कहाँ उत्पन्न हुए?*
4. *शिकायत में उल्लेखित आरोपों के समर्थन में अभिलेख (जैसे—बिल, रसीद, गारन्टी/वारन्टी कार्ड, प्रार्थी द्वारा किए गए पत्र व्यवहार की प्रतियाँ।*
5. *माँगी गई राहत।*

दिनांक *हस्ताक्षर प्रार्थी*

शिकायत में तीन प्रतियाँ मंच के लिए एवं जितने विरोधी पक्षकार हैं, उतनी ही प्रतियाँ अलग से संलग्न करें। शिकायत के सम्बम्ध में एक शपथ पत्र एवं जाँच हेतु खर्च के भुगतान का वचन नोटेरी से सत्यापित कर लगाना आवश्यक है। देश में अब उपभोक्ताओं के हितों की रक्षा करने के लिए एक विशिष्ट कानून है, जिसके तहत खामी वाले सामान और असन्तोषजनक सेवाओं के विरुद्ध तुरन्त समाधान किया जा सकता है। स्मरण रहे कि जो उपभोक्ता अपने अधिकारों और दायित्वों के प्रति सतर्क रहेगा, वही अपनी सुरक्षा करने में सक्षम होगा।

38

विशिष्ट समूहों के मानवाधिकार

मानवाधिकारों की मूल अवधारणा में समानता, स्वतन्त्रता, न्याय आदि को समाहित करते हुए बच्चों, महिलाओं, पिछड़ों के अधिकारों पर विचार किया जाना आवश्यक है। हमारे देश के लोकतन्त्र में मानवाधिकारों के संरक्षण के उपायों, व्यक्ति के कर्त्तव्यों आदि के साथ ही नागरिकों के दायित्वों को भी समझना चाहिए। मानवाधिकार आयोग, उसकी शक्ति एवं कार्यों पर भी विचार किया गया है।

बच्चों के अधिकार

बच्चों के अधिकारों में पाँच बातें प्रमुख हैं—जीवित रहने का अधिकार, शिक्षा का अधिकार, विकास का अधिकार, सुरक्षा का अधिकार और विचार प्रकट करने का अधिकार। हमारे देश में अनेक बच्चों को मानव के मूल अधिकार प्राप्त नहीं हो सके हैं। अनेक बच्चे सड़कों पर भीख माँगते हुए तथा जगह-जगह मजदूरी करते हुए दिखाई देते हैं। बच्चों के जीवित रहने के अधिकार की पालना तभी हो सकती है जब माताएँ गर्भावस्था में पौष्टिक आहार लें। बच्चों का जन्म स्वस्थ परिवेश में हो, समय-समय पर टीकाकरण हो तथा उन्हें पौष्टिक आहार मिले। शिक्षा बच्चों की क्षमताओं में विकास करने के साथ ही उन्हें सक्षम एवं आत्मविश्वासी भी बनाती है। अपनी क्षमता के अनुसार शिक्षा ग्रहण करना बच्चों का मूलभूत अधिकार है। किसी भी अच्छे-बुरे कार्य के लिए बच्चों को अपनी सफाई देने का पूरा अधिकार है। बच्चों को पीटना या शारीरिक यातना देना मानवाधिकारों का उल्लंघन है। बालकों की शिक्षा और समुचित विकास पर ध्यान केन्द्रित करना जरूरी है। बालश्रम के कारण बहुधा बच्चों को बड़े होने पर समाज के प्रति उत्तरदायी और हितकर बनने की सम्भावनाएँ कम हो जाती हैं। बच्चों का शोषण करने, खतरनाक एवं जोखिमकारी कार्यों में लगाने, यौन शोषण करने पर प्रभावी पाबन्दी जरूरी है। बालश्रम की समाप्ति तभी सम्भव है जब राजनैतिक एवं सामाजिक इच्छाशक्ति बलवती हो।

लैंगिक समानता

हमारे देश में 14 वर्ष की उम्र तक लड़कों की तुलना में लड़कियों की मृत्यु दर बहुत अधिक है। क्योंकि लड़के और लड़कियों के लालन-पालन में भेदभाव किया जाता है। इस भेदभाव को समाप्त कर लड़कियों के शारीरिक, मानसिक व शैक्षिक विकास

पर बराबरी का ध्यान दिया जाना जरूरी है। कुछ स्थानों पर तो लड़कियों के जन्म लेते ही अथवा भ्रूण अवस्था में उनको मार देने की प्रथा प्रचलित है। जन्म के बाद भी लड़कियों के इलाज पर पूरा ध्यान नहीं दिया जाता है। लड़कियों के बड़े होने की प्रक्रिया में उन्हें दुर्व्यवहार भुगतना पड़ता है। लड़की के विवाह के बाद परिवार में उसे एक पत्नी अथवा माँ के रूप में मात्र सेवा करना ही दायित्व माना जाता है। उसके अधिकारों की अनदेखी की जाती है। ऐसा कुरीतियों एवं गलत धारणाओं के कारण होता है। लड़कियों को शिक्षित किए जाने में घर व समाज में बहुत अधिक भेदभाव किया जा रहा है। उन्हें शिक्षा के अवसर बहुत कम उपलब्ध कराए गए हैं। बालिकाओं के लिए घर के नजदीक स्कूल स्थापित करने से स्कूलों में बालिकाओं की उपस्थिति बढ़ाने में मदद मिलेगी। लड़कियों की व्यावसायिक शिक्षा के लिए व्यवस्था उपलब्ध होनी चाहिए। जहाँ लड़कियों को घर से बहुत दूर रहकर पढ़ना होता है वहाँ इनके लिए अलग से छात्रावास की व्यवस्था होना अपेक्षित है। बाल-विवाह रोकने के लिए कानून के अनुसार दोषी व्यक्ति को दण्डित कर दहेज देने व लेने वालों को कड़ी सजा देकर उनका सामाजिक बहिष्कार किया जाए।

महिलाओं के आर्थिक अधिकार

आर्थिक संसाधनों तक महिलाओं की पहुँच होने तथा आर्थिक क्षेत्र में उन्हें समान अवसर उपलब्ध रहने पर ही महिलाओं का सशक्तीकरण हो सकता है। सभी क्षेत्रों में समान कार्यों के लिए समान वेतन दिया जाना कानूनी अनिवार्यता है। महिलाओं के लिए पुरुषों के समान बेकारी, दुर्घटना, छँटनी आदि में आर्थिक सुरक्षा सुनिश्चित करना जरूरी है। महिलाओं के लिए सामूहिक बीमा, स्वास्थ्य सेवा तथा छोटे बच्चों के लिए शिशु सदन की स्थापना करने से महिलाओं की सामाजिक कार्यों में भागीदारी बढ़ेगी। महिला उद्यमियों के प्रशिक्षण की व्यवस्था, व्यापार के लिए कर्ज की सुविधा तथा उत्पादन को बाजार में बेचने की व्यवस्था करने से महिलाओं के शोषण को रोकने में मदद मिलेगी। जमीन तथा अचल सम्पत्ति में महिला के स्वामित्व को सुनिश्चित किया जाना चाहिए। महिलाओं को भी अपने स्वामित्व की सामग्री, घर, खेत गहने आदि को बेचने, रहन रखने का अधिकार होना चाहिए। स्त्रियों को सम्पत्ति में अधिकार सहित सभी मामलों में निःशुल्क कानूनी सहायता आवश्यक है। मुकदमों के लम्बित रहने से स्त्रियों के हितों को नुकसान पहुँचता है। इसके लिए न्यायिक प्रक्रिया सरल बनाकर इन मामलों को

जल्दी निपटाना चाहिए। यदि दहेज के मामले को लेकर महिला को सताया जाता है तब उसे कानून की शरण अवश्य लेना चाहिए। स्त्रीधन पर उसका पूरा अधिकार है।

यह भेदभाव ठीक नहीं।

सामाजिक न्याय

समानता एक मूलभूत मानवाधिकार है परन्तु अनेक नागरिक इस मूलभूत अधिकार से वंचित हैं। क्योंकि नई और पुरानी बुराइयाँ हमारी सामाजिक व्यवस्था के सामने चुनौतियाँ खड़ी कर रही है। जाति प्रथा की ऊँच-नीच बरकरार है। दलितों को समाज में सबसे नीचे स्तर के इनसान समझा जाता है। दलित वर्ग को कुछ ऐसे कार्य करने पर मजबूर किया जाता है, जिन्हें दूसरे वर्ग अशुद्ध मानकर अपने लिए वर्जित समझते हैं। दलितों की जर्जर आर्थिक स्थिति सामाजिक पक्ष का एक महत्वपूर्ण पहलू है। अशिक्षा एवं निरक्षरता को दूर करने के लिए दलितों की आर्थिक, सांस्कृतिक एवं राजनैतिक स्थिति में परिवर्तन लाना आवश्यक है। राजनैतिक दल दलितों को वोट बैंक समझते हैं, इस मानसिकता को समाप्त करना अति आवश्यक है। दलितों में से नेता निर्वाचित हो जाने पर मात्र सुविधाभोगी न रहकर दलित उत्थान में लगना चाहिए। दलितों को अपने जीवन को अच्छा बनाने के लिए अवसर नहीं दिए जाते हैं। उनके साथ छुआछूत का बर्ताव करना, भेदभाव रखना संवैधानिक अपराध है। दलितों की सुरक्षा की पुख्ता चेष्टा करनी चाहिए। कुछ लोग प्राकृतिक कारणों से या दुर्घटनावश विकलांग हो जाते हैं।

विकलांगों को भी मानव होने के नाते वे सभी अधिकार हासिल हैं जो एक सामान्य मानव को होते हैं। विकलांगों पर दया के बजाय उनके मानवाधिकारों की चेतना, रक्षा और पालन करना आवश्यक है। जरूरत के अनुसार हमें उनकी मदद करनी है। जैसे आवश्यक उपकरण– कृत्रिम अंग, ट्राइसाईकिल, सुनने के यन्त्र आदि उपलब्ध कराने चाहिए।

संयुक्त राष्ट्र संघ और मानवाधिकार

मानवाधिकारों के संरक्षण सम्बन्धी विचार का उद्भव 24 अक्टूबर, 1945 को संयुक्त राष्ट्र संघ की स्थापना दिवस पर हुआ। इसकी स्थापना से अन्तर्राष्ट्रीय समुदाय को युद्ध, दुर्दशा, घृणा और वैमनस्य की काली घटा से दुनिया के उबरने की आशाभरी दिशा दिखाई पड़ी। अन्तर्राष्ट्रीय स्तर पर मानवाधिकारों तथा उनके संरक्षण के सम्बन्ध में सबसे महत्वपूर्ण प्रयास विश्व की सबसे बड़ी संसद संयुक्त राष्ट्र संघ की महासभा द्वारा 10 दिसम्बर, 1948 को मानवाधिकारों की सार्वभौमिक घोषणा के साथ आरम्भ हुआ। प्रत्येक वर्ष 10 दिसम्बर को अन्तर्राष्ट्रीय मानवाधिकार दिवस मनाया जाता है जिससे मानवाधिकारों के प्रति चेतना बढ़ाने के लिए विश्व समुदाय को जागृत रखा जा सके। मानवाधिकार सम्बन्धी घोषणा पत्र में सभी सदस्य देशों और दुनिया के सभी लोगों से कहा गया कि वे घोषणा पत्र में चिन्हित की गई स्वतन्त्रताओं और अधिकारों को प्रोत्साहित करें और उनकी प्रभावी मान्यता और अवलोकन सुनिश्चित करें। मानवाधिकारों के इस सार्वभौमिक घोषणा पत्र में 30 अनुच्छेद हैं और इन अनुच्छेदों को "मानवता के मैग्नाकार्टा" के रूप में माना जाता है। ये 30 अनुच्छेद सामाजिक, आर्थिक, राजनीतिक तथा सांस्कृतिक वर्गों में विभक्त किए गए हैं। समय-समय पर इनमें विस्तार भी होता रहता है। संयुक्त राष्ट्र द्वारा मानवाधिकार के अन्तर्राष्ट्रीय विधेयक के अन्तर्गत समानता, शिक्षा, धर्म, सामाजिक सुरक्षा, मानवीय व्यवहार, न्याय, आत्म निर्णय का अधिकार, उपेक्षित वर्ग के लोगों के विशेष संरक्षण, पर्यावरण संरक्षण, आर्थिक और सांस्कृतिक उन्नति के अधिकार सम्मिलित हैं।

39

सूचना का अधिकार

सूचना के अधिकार का अर्थ है नागरिकों द्वारा सूचना माँगने पर सरकारी विभागों द्वारा सूचना देना। प्रत्येक नागरिक को किसी भी सरकारी विभाग व सरकारी खर्चे से चलने वाली परियोजना के दस्तावेज या रेकार्ड जाँचने, देखने, सत्यापित प्रतिलिपि लेने, संक्षिप्त नोट लेने का अधिकार है। इसके अलावा सार्वजनिक कार्य का निरीक्षण करने तथा सार्वजनिक कार्य का नमूना लेने का अधिकार भी जनसामान्य को है। इस अधिकार का उपयोग कोई भी भारतीय नागरिक कर सकता है।

क्या आप जानना चाहते हैं?

- सामुदायिक भवन, आँगनवाड़ी भवन, विद्यालय का कमरा बना है। क्या आपको जानकारी है कि यह कितना लम्बा, चौड़ा और ऊँचा बनना था? इसके लिए कौन सा स्थान तय हुआ? फर्श किस प्रकार की बनाई जानी थी? दरवाजों में लकड़ी कौन सी लगानी थी? कितना बजट आया, कितना खर्च हुआ?
- सड़क बनी है। यह कितनी लम्बी एवं किस चौड़ाई की बननी थी? खुर्रा कितनी गहराई तक लगाना था? गिट्टी कितनी डाली जानी थी? क्या सड़क के साथ नालियाँ भी बनाई जानी थीं?
- रोजगार योजना में कितने लोगों को कितने दिनों का रोजगार मिला? मजदूरी के लिए नाप-जोख किस प्रकार होता है? जॉबकार्ड एवं मस्टररोल में मजदूरी के दिनों में क्या कोई फर्क है?
- हैण्डपम्प कहाँ खुदना था? कितना गहरा खोदना था? पाईप कितने लगाने थे? कितना पैसा चुकाया? वास्तविक लागत कितनी आई ?
- आवास योजना के तहत किसको मकान आवंटित हुए? इनका बी.पी.एल. सूची में नाम्म किस नम्बर पर लिखा था?
- राशन डीलर के पास किस-किस माह में कितना और क्या माल आया? उसमें से कितना बाँटा गया एवं कितना बचा हुआ है?
- स्वास्थ्य केन्द्र पर पूरे माह में कितनी और कौन सी दवाईयाँ आती हैं? कितनी बाँटी जाती हैं और कितनी बची रहती हैं? आपके वार्ड में स्थित आँगनवाड़ी में कितना पोषाहार आता है? कितना-कितना दिया जाता है?

सूचना का अधिकार अधिनियम 2005—खास बातें

- भारतीय संसद ने 11 मई, 2005 को सभी भारतीय नागरिकों को लोक दस्तावेजों तक बेहतर पहुँच देते हुए "सूचना का अधिकार अधिनियम 2005" पारित किया तथा 12 अक्टूबर, 2005 से इसे पूरे देश में लागू किया गया।
- इस अधिनियम के लागू होने से कोई भी नागरिक केन्द्रीय या राज्य सरकार, पंचायतीराज संस्थाएँ तथा ऐसे संगठन व संस्थाएँ (गैर सरकारी) जिनका गठन, संचालन, नियन्त्रण और वित्तीय सहयोग सरकार द्वारा हो रहा है उनसे सूचनाओं की माँग कर सकते हैं।

- सूचना चाहने वाले व्यक्ति को निर्धारित फीस के साथ प्रार्थना पत्र लोक सूचना अधिकारी को प्रस्तुत करना होगा। प्रार्थना पत्र के साथ निर्धारित फीस जमा करानी होगी।
- सरकारी सूचनाओं को जानने, पढ़ने हेतु फोटो प्रति अथवा नमूने आदि लिए जा सकते हैं। लोक सूचना अधिकारी का दायित्व है कि वह तीस दिवस में सूचना उपलब्ध कराएगा अथवा कारण सहित मना करेगा।
- यदि किसी व्यक्ति को लोक सूचना अधिकारी द्वारा निर्धारित अवधि में सूचना नहीं दी जाती है अथवा इनकार कर दिया जाता है या प्रार्थी जवाब से सन्तुष्ट न हो तो ऊपर वाले अधिकारी से अपील की जा सकती है।
- यदि लोक सूचना अधिकारी निर्धारित समय में सूचना देने अथवा निरस्ती आदेश देने में असफल रहता है तो लोक सूचना अधिकारी द्वारा 250 रुपए प्रतिदिन के हिसाब से अधिकतम 25000 रुपए तक हर्जाने का भुगतान करना होगा।
- सूचना आयोग सम्बन्धित अधिकारी, विभाग द्वारा किसी भी शिकायतकर्ता को सूचना उपलब्ध न कराने अथवा देरी के लिए प्रार्थी को हुए नुकसान की भरपाई के लिए बाध्य कर सकता है।

सूचना नहीं दिए जाने से घोटाले

- पंचायतों, सरकारी विभागों, अभिकरणों आदि के द्वारा सूचना नहीं दिए जाने से पक्षपात एवं भ्रष्टाचार बढ़ने की सम्भावना रहती है तथा घोटाले किए जाते हैं।
- निर्माण कार्य एवं अन्य कार्यों में किए गए व्यय की सरकारी राशि हड़प ली जाती है। पुल, भवन, सड़कें, तालाब, कुएँ, बावड़ी आदि कागजों पर ही बन रहते हैं।
- लोगों को यह भी नहीं बताया जाता है कि कितनी धनराशि मिली, कितनी खर्च हुई तथा कितनी शेष बची है। प्रशासन द्वारा सूचना नहीं दिए जाने से लोगों में भ्रम एवं अविश्वास पैदा होता है।

सूचना प्राप्त करने के लिए क्या करें?

- लोक सूचना अधिकारी को लिखित में आवेदन करें जिसमें अपना नाम, पता व जो सूचना चाहिए उसका विवरण लिखा जाना चाहिए। सूचना लेने के कारणों को दिया जाना जरूरी नहीं है।

- अगर आप निरक्षरता या निःशक्तता के कारण लिखित में आवेदन नहीं दे सकते हैं तो लोक सूचना अधिकारी/सहायक लोक सूचना अधिकारी आपकी मदद करेगा।
- आवदेन के साथ 10 रु. का आवेदन शुल्क लगाएँ। शुल्क : नकद, बैंकर चैक, डिमान्ड ड्राफ्ट, भारतीय पोस्टल ऑर्डर के द्वारा दिया जा सकता है। पोस्टल ऑर्डर से शुल्क देना आसान है, यह सभी मुख्य पोस्ट ऑफिस पर मिलता है। बी.पी.एल. कार्डधारक को कोई शुल्क नहीं देना होगा।
- ए-4 अथवा ए-3 कागज की फोटोकॉपी (लगभग 200 शब्द) तक 2 रु. हर कॉपी के हिसाब से फीस लगती है। बड़े कागज की प्रतिलिपि का वास्तविक प्रभार या लागत कीमत देय होगी।
- रिकार्ड की फ्लॉपी अथवा सीडी का मूल्य 50 रु. रखा गया है। मॉडल या नमूने के संग्रहण के लिए वास्तविक लागत मूल्य देना होगा।

- रिकार्ड के निरीक्षण के लिए प्रथम घण्टा कोई शुल्क नहीं लगता है। उसके बाद प्रत्येक 15 मिनट के 5 रु. अतिरिक्त दिया जाना होगा।
- साधारण परिस्थितियों में सूचना 30 दिन में दी जानी चाहिए। तीसरे पक्ष की सूचना 40 दिन में दी जा सकेगी, यदि तीसरे पक्ष को आपत्ति न हो।
- कार्यालयाध्यक्ष चाही गई सूचना का निरीक्षण कराएगा। निरीक्षण करने वाला व्यक्ति अपने पास पेन, स्याही, रबड़, ब्लेड, चाकू आदि नहीं रख सकेगा। वह पेंसिल से अलग कागज पर सूचनाएँ अवश्य ले सकता है। अभिलेख को फाड़कर विकृत नहीं कर सकेगा।

भ्रष्टाचार नियन्त्रण में सूचना के अधिकार की उपयोगिता

- सूचना का अधिकार भ्रष्टाचार से लड़ने के लिए आशा की एक किरण है। हमें इसका उपयोग भ्रष्टाचार नियन्त्रण में अवश्य करना है। सूचना के अधिकार के इस्तेमाल से एक सीमा तक भ्रष्टाचार पर अंकुश लगाया जा सकता है।
- विश्व में भ्रष्टाचार की स्थिति का अध्ययन करने वाली संस्था "ट्रान्सपेरेन्सी इन्टरनेशनल" के सर्वेक्षण के अनुसार जिन देशों में जनता को सूचना का अधिकार दिया गया, उन देशों में भ्रष्टाचार में कमी देखी गई।
- सूचना के अधिकार से उन संस्थाओं की सक्रियता भी बढ़ जाएगी, जो भ्रष्टाचार उन्मूलन के लिए प्रयासरत हैं। हिसाब माँगने का अर्थ है निगरानी रखना। जानकारी का यह हक बाबूशाही की निरकुंशता और जड़ता को एक हद तक नियन्त्रित करता है। इस प्रकार भ्रष्टाचार को जड़ पर ही रोका जा सकेगा।
- जनता का शासन और तन्त्र की मुस्तैदी को सूचना के अधिकार से सुनिश्चित किया जा सकता है। लोकनीति के निर्माण, निष्पादन एवं मूल्यांकन, तीनों ही स्तरों पर जनता को सहभागी बनाया जाना आवश्यक है।
- 73वें संविधान संशोधन के पश्चात् पंचायतीराज के सक्रिय, सक्षम ढाँचे एवं विकेन्द्रित आयोजना के लक्ष्यों को पूरा होने के लिए सूचना का अधिकार महत्वपूर्ण है।
- सूचना के अधिकार का प्रभावी क्रियान्वयन राज्य एवं केन्द्र में स्थापित सूचना आयोगों की दृढ़ता पर निर्भर करेगा।